AF327695

CAPRICCIO FOR GOYA

BULGARIAN POETRY IN TRANSLATION, VOL 6
EDITED BY FREDERICK TIBBETS

CAPRICCIO FOR GOYA

SELECTED POEMS
BY

KONSTANTIN PAVLOV

TRANSLATED FROM THE BULGARIAN
BY LUDMILLA G. POPOVA-WIGHTMAN

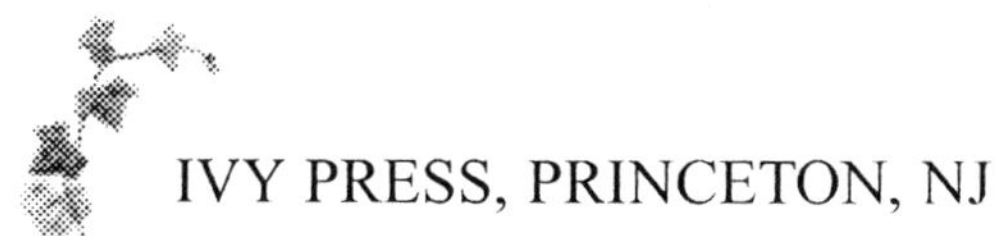

IVY PRESS, PRINCETON, NJ

IVY PRESS
16 Balsam Lane, Princeton, NJ 08540
Tel.: (609) 921-7779   Fax: (609) 921-7044

Some of the translations in this book first appeared in the following magazines: *Ellipsis, Partisan Review, Poetry East, PSLS, The Literary Review, US1 Worksheets, Visions International*, and anthologies: *Shifting Borders: East European Poetries of the Eighties*. Compiled and ed. by Walter Cummins. Madison, NJ: Fairleigh Dickinson University Press, 1993; *Anthology of Magazine Verse and Yearbook of American Poetry 1997*, ed. by Alan Pater. Palm Springs: Monitor Book Co, 1997.

Poems in *Capriccio for Goya* appeared in Bulgarian in the following books by Konstantin Pavlov: *Satiri* (Satires), Sofia: Bulgarski Pisatel, 1960; *Stikhove* (Poems), Sofia: Bulgarski Pisatel, 1965; *Stari Neshta* (Old Things), Sofia: Bulgarski Pisatel, 1983; *Poiaviavane* (Appearance), Sofia: Profizdat, 1989; *Agonio Sladka* (Sweet Agony), Sofia: Fakel, 1991; *Ubiistvo na spiasht chovek* (Murder of a Sleeping Man), Gabrovo: Ingraf, 1992; *Elegichen Optimisum* (Elegiac Optimism), Sofia: Fakel, 1993; *Repetitsia za gala tants* (Rehearsal for a Gala Dance), Gabrovo: Ingraf, 1995.

Published in 2003 by Ivy Press.

Books may be ordered from the Press.

Printed in Bulgaria by ANGO BOY

ISBN 1- 930214 - 07-3

1955 –95

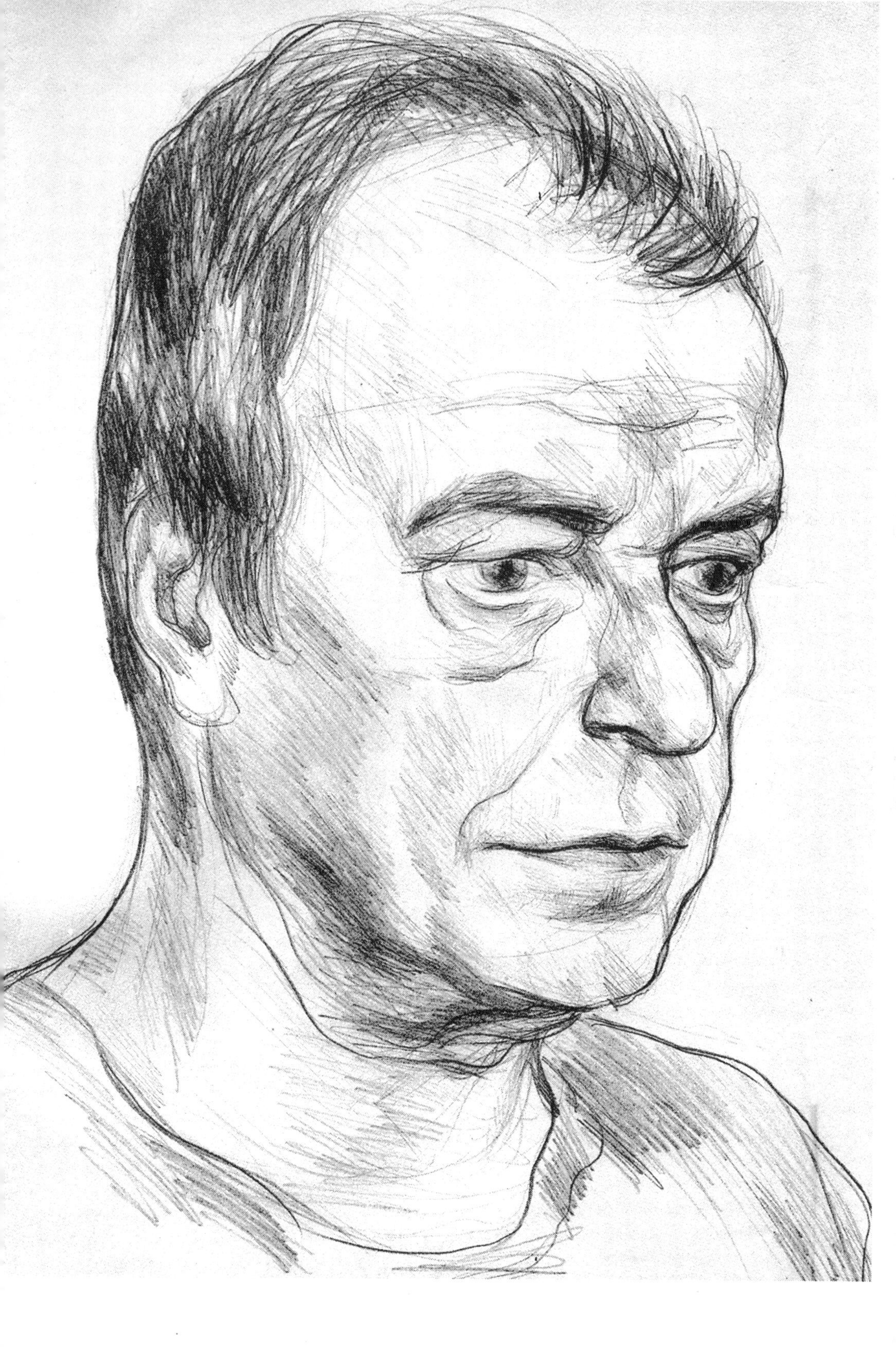

СЪДЪРЖАНИЕ

CONTENTS

V

V

НАДПЯВАНЕ
(откъс)

Искам непосредствено преди
т о в а
за последен път да проверя гласа си,
искам да си приповторя мимиките,
искам в ловкостта на пръстите си да се уверя.

Престаравам се от обич
и от уважение към вас.

Като оня гениален архитект,
който от симпатии към мъртвия
и от взискателност към себе си,
бавел, бавел
предварително платения проект за гробница.
Мъртвецът обаче…
И така нататък.

Тема – к о т к а.
Чувство – н е ж н о с т т а:
(Аз ли не мога да бъда нежен!)

– Моята котка.
Бяла.
Синя от белота.
Синьо-бяла до върха на опашката.
Малък демон в бяла униформа.

SINGING CONTEST
(a fragment)

Immediately
before *that*,
I want to test my voice for the last time,
I want to rehearse my features' play,
and make sure of my fingers' dexterity.

I overdo it out of love
and respect for you.

As that architect, that genius,
because he empathized with the dead,
and was very demanding of himself,
delayed,
delayed the prepaid design for a tomb.
The dead however . . .
And so on . . .

The topic—*a cat*.
The feeling—*tenderness*:
(Is there any doubt that I could be tender!)

—My cat.
A white cat.
So white, she looks blue.
Blue-white to the tip of her tail.
A small demon in a white uniform.

Грация, изпълнена с престъпни намерения.
Мъркащо електричество.
А…

Стоп.

Нека темата остане с ъ щ а т а.
Чувството да бъде – с м е л о с т т а:
(Слушайте звук на тръба!)

– Моята котка презира смъртта,
с котешки стъпки върви към смъртта.
И смъртта като плъх се отдръпва,
като гълъб гугука,
като врабче цвърчи.
Само че, Б …

(… само че двата близнака,
на Лос Бравос копелдаците,
Лос Бравос
назован още Късата ръка –
две ангелчета с къси панталонки,
два архангела жестоки и чистосърдечни,
два миши отмъстителя, –
обесиха моята котка.)

– Ох, бялата котка,
синята от белотата,
синьо-бялата до върха на опашката.

Стига де! – чудесен повод за балада:
(Аз ли не мога да правя балади.)

Grace, full of criminal intent.
Purring electricity.
Ah . . .

Stop.

Let the topic remain *the same*.
The feeling–*courage*:
(Listen to the sound of trumpets!)

–My cat despises death,
she pussyfoots towards death.
And death retreats like a rat,
coos like a pigeon,
chirps like a sparrow.
Only B . . .

(. . . only the twins,
Los Bravos's bastards,
Los Bravos,
also called the Short Arm–
two little angels in short pants,
two archangels, candid and cruel,
two mouse avengers–
hanged my cat.)

–Oh the white cat,
so white it looks blue,
blue-white to the tip of her tail.

Isn't that enough!–
a marvelous occasion for a ballad.
(Is there any doubt that I can write ballads.)

– Моята котка презира смъртта,
но сега като мъртва стои.
Но на мъртва се само преструва.
Ох, до самата ѝ муцунка
кацат врабчета, подскачат плъхове.
Моята котка така си стои.
Много време така ще стои.
Но…

… но когато в нощ безлунна
(време за убийства и угризения)
таткото излезе разкопчан
(повече навик, по-малко необходимост;
дървени налъми, нощница от лен)
на двора,
(алпинеум, олеандри, кипариси, езеро;
в алпинеума – картечница, автомати (6) и предавател;
в езерото – двойка лебеди, бири (6) за автоматите,
                                      гумен крокодил)
тя тогава …………………………

Стоп.

Исках само да си проверя гласа,
исках да си преповторя мимиките,
исках в ловкостта на пръстите си да се уверя.
Добре съм.

—My cat despises death,
but lies looking dead now.
But she only plays dead.
Ah sparrows alight and rats stray
close to her little mouth.
My cat keeps on playing dead.
She will lie like that a long time.
But . . .

. . . but when on a moonless night
(a time for murder and remorse)
the father, unbuttoned,
(more out of habit, less out of necessity;
wearing a linen nightshirt, his feet in clogs)
went out to the backyard,
(a rock garden, rhododendrons, cypresses, a lake;
in the rock garden–a machine gun, semiautomatic
rifles (6), and a radio transmitter; in the lake–a couple of
swans, beers (6) to go with the semiautomatic rifles,
a rubber crocodile)
the cat then . . . .

Stop.

I only wanted to test my voice,
I wanted to rehearse my features' play,
and make sure of my fingers' dexterity.
I'm all right.

Ето как от едно тематично разпяване
всички котки са вече безсмъртни,
равни по ранг на свещените Крави
и на Ибиса – също свещен.

– Защо възпяваш котките!
(Жесток въпрос)

И:
– Защо? Защо!

Защото народът обича животните.
Затова!

И защото
една катеричка
търкаля борова шишарка
в гърлото ми.
Отдолу нагоре.
И отгоре надолу.
Затова!

Но понеже още не е моят ред,
да излезе, който му е ред.
И да запее.

1967 г.

That's how a singing practice
made all cats immortal
and equal in rank to the Sacred Cows,
and the Sacred Ibis.

Why do you glorify cats!
(A cruel question.)

And,
"Why? Why?"

Because people like animals.
That's why!

And because,
a squirrel
rolls a pine cone
in my throat.
Up and down.
And down and up.
That's why!

But because it isn't my turn yet,
let the person whose turn it is,
come onto the stage and begin to sing.

I

ЕЛЕГИЧЕН ОПТИМИЗЪМ

Дявол да го вземе,
цяла вечност
съм запънат на ръба на пропастта.
Ще се вкоренят краката ми в скалата.
И ще заприличам на ония
криви, жилави и грозни храсти,
дето никнат даже там,
където кози крак не смее да пристъпи.

Но от тоя миг нататък
неудобството ще се превърне в качество.
В причудливи краски ще разцъфвам.
Непознати плодове ще раждам.
(Всеки плод с различен вкус и форма.)
Някои ще предполагат, че са сладки,
други ще твърдят, че са отровни.

Ах, посредствени художници ще ме рисуват,
фотографки ще ме снимат
контра-жур.

1965 г.

ELEGIAC OPTIMISM

To hell with it,
I've been stuck
at the edge of this precipice
forever.
My feet will strike roots in the rock
and I'll be like
the twisted, ugly, hardy scrub,
spreading where
even goats won't go.

From that moment,
the inconvenience
will be an advantage.
I'll blossom in bizarre colors
and bear unfamiliar fruits.
(Each fruit with a different taste and shape.)
Some people will find the fruits sweet,
others will think them full of poison.

Ah, second-rate painters will paint me,
female photographers will take my picture
against the light.

ПРЕЛЮД – ПАЯЦИТЕ

Пантеонът не е проветряван скоро.
В чупките и по ъглите
паяжини са изопнати.
Паяжините приличат на задгробни арфи.
С хиляди небесни струни.
Паяците нервно дърпат нишките –
искат да изсвирят нещо крайно траурно
и безкрайно бодро същевременно.
Нишките се късат.

1958 г.

PRELUDE–THE SPIDERS

The Pantheon has not been aired of late–
spiderwebs stretch in nooks and crannies.
They look like harps from the world beyond,
with thousands of celestial strings.
The spiders pluck the cobwebs in nervous spurts–
they want to play something very sad
and at the same time very cheerful.
The cobwebs break.

ФЛОТАЦИЯ

Лентата прелиташе край мен
и едва не ме докосваше.
Рудните отломъци подскачаха
върху безконечния конвейер,
горди, че съдържат
много цинк,
олово много
и невероятно малко
златни примеси.

Смешни бяха рудните отломъци –
сигурно си я представяха
фабриката за обогатяване
нещо като козметически салон.

...Трябва да призная, че се плашех.
Двоумях се, колебах се,
но реших
и скочих върху лентата.
Рудните отломъци са мои братчета!
Ние имаме един състав!
Аз съдържам също много цинк,
олово много
и невероятно малко
златни примеси.

FLOTATION

A conveyer belt was racing by,
almost touching me.
Chunks of ore were bobbing
on the endless belt,
proud that they contained
a lot of zinc,
lead—a lot too,
and incredibly little gold.

The chunks of ore were funny—
they seemed to have mistaken
the flotation works
for a beauty parlor.

. . . I have to admit, I was afraid.
I hesitated, I deliberated,
but finally decided,
and jumped on the belt myself.
The chunks of ore are my little brothers.
We have the same composition!
I also contain a lot of zinc,
lead—a lot too,
and incredibly little
gold.

Майсторе, до скоро виждане!

… Чукове ни биха,
сяха ни сеялки,
химикали ни размекваха душичките.
Страшно беше
и болеше.
Но сега сме чисти —
цинкови!
оловни!
няма р а з н и златни примеси у нас.

1959 г.

So long, boss!

. . . Hammers crushed us,
sieves shook us through,
chemicals corroded our souls.
It was frightening
and painful.
We are pure now—
made of zinc!
made of lead!
there are *no traces* of gold in us anymore.

СЛАВЕИТЕ ПЕЯТ

Посветено на славеите
от Западния парк

О, колко много славеи!…

Вървя и слушам,
забравям се
и се препъвам
в изстинали човешки трупове.

Кои са те?
Как стана туй?
Кажете ми!

Над всеки труп
възторжен славей пее…

Млъкнете, славеи!
Проклети славеи!
Дано в настъпилата тишина
един-единствен гарван се обади,
за да ми каже истината.
Страшната!

1957 г.

THE NIGHTINGALES SING

*Dedicated to the nightingales
in the Western Park.*

Oh how many nightingales!. . .

I walk and listen.
Oblivious of the world,
I trip over
cold human corpses.

Who are they?
How did it happen?
Tell me!

An ecstatic nightingale sings
over each corpse . . .

Be quiet, nightingales!
Cursed nightingales!
In the silence that will fall,
may only one raven croak
and tell me
the horrifying truth!

НА ЕДИН ПРЕДАТЕЛ

От живите не се плаши. –
Те могат да забравят,
да простят. –
Несдържаната радост от живота
ги прави добродушни егоисти…
Но мъртвите!
О, паметта на мъртвите!
Гневът на мъртвите!

Благословени да са мъртвите!…

Аз чувам стъпките им.
Идват те.
Стани! –
стани и събуди петлите!
Накарай ги да пеят посреднощ!
Уви,
петлите непробудно спят…
Стани! –
стани и кукуригай сам! –
дано прогониш гневните видения…

О, паметта на мъртвите!…

1955 г.

TO A TRAITOR

Don't be afraid of the living.
They can forget
and forgive.
Their unrestrained joie de vivre
turns them into good-natured egotists . . . .
But the dead!
Oh, the memory of the dead!
The anger of the dead!

Blessed are the dead!

I hear their steps.
They are coming.
Get up!
Get up and wake the cocks!
Make them crow at midnight!
Alas,
the cocks are sound asleep . . . .
Get up!
Get up and crow yourself–
it may yet chase away the angry apparitions . . . .

Oh, the memory of the dead!

ЕДИПОВ КОМПЛЕКС

Две свинчета
ритат свински мехур
съсредоточено.

Те сами си го надуха
и сега играят
настървено.

Нека ритат –
но защо съсредоточено?

Нека си играят –
но защо настървено?

То не е ни плондер,
нито балонче!

То е свинският мехур
на майка им,
дето селяните я заклаха сутринта.

1963 г.

OEDIPUS COMPLEX

Two piglets kick
a pig's bladder
intently.

They have blown it up
and now play with it
intensely.

Let them kick–
but why so intently?

Let them play–
but why so intensely?

It is not a ball,
not a balloon!

It is the bladder of their mother,
the sow,
the peasants slaughtered this morning.

КУЧЕТО ХЕКТОР

Тука работата се свежда
до един-единствен въпрос,
възникнал у мене
във връзка със следната случка:

Както мирно си крачех,
кучето Хектор изскочи
и ме захапа за глезена.
(Хектор е микроскопично бяло кученце.
Всички бели и микроскопични кученца
се кръщават Хектор.)

Аз продължих да си крача
заедно с Хектор на глезена.
(Впит като бяла скаридка
с бледорозов оттенък
и прозрачни ушенца.)

Само че Хектор квичеше
и ми пречеше да не мисля.

И тогава възникна у мене
единственият въпрос
във връзка с горната случка:

HECTOR THE DOG

The problem here
is reduced to the one question
that cropped up in connection
with the following incident:

As I was walking peacefully,
Hector the dog dashed out
and sank his teeth into my ankle.
(Hector is a minuscule white dog,
all white and minuscule dogs
are named Hector.)

I continued to walk
with Hector attached to my ankle–
a shrimp,
all pale pink and white,
with sheer pincers.

Hector however yelped and prevented me
from not thinking.

Then the only question
in connection with the incident above
cropped up:

– След като са му пълни устенцата
с месото на моя глезен,
звуците на квиченето
откъде му излизат?

1961 г.

—while his little jaws are full
of my flesh,
where do the yelps
come from?

ПАК ЗА СЛАВЕЯ

Мили славею,
ще затворя прозореца.
Съмнителни са тези оди,
с които ме преследваш всяка нощ.
О, аз отдавна щях да ти повярвам,
ако не беше толкова настойчив.
Но днес в един-единствен трепет
на най-любовната ти песен
като светкавица ме хрясна
несбъднатият ти копнеж
за хищни нокти и железен клюн.
Мили славею,
ще затворя прозореца.
Прекланям се пред песента ти —
но се плаша,
че в някоя безлунна нощ,
когато изведнъж ти израстат
орлови нокти и железен клюн,
ще влезеш тихо в романтичната ми стая
и ще изтръгнеш от гърдите ми
размекнатото ми сърце.

1956 г.

ABOUT THE NIGHTINGALE AGAIN

Dear nightingale,
I will close my window.
I find your odes, following me at night,
suspicious.
Ah, if you were not so insistent
I'd have believed you a long time ago.
But, today, with a single tremolo
in your most amorous song,
your unfulfilled longing
for an iron beak and predatory claws
struck me like lightning.
Dear nightingale,
I will close my window.
I render homage to your song–
but I am afraid
that on a moonless night
when you have suddenly grown
eagle's claws and an iron beak,
you'll enter my romantic room quietly
and you'll pry my softened heart
out of my chest.

ПРЕКРАСНОТО В ПОЕЗИЯТА
ИЛИ
ЖЕРТВА НА ДЕКОРАТИВНИ РИБКИ

Моите стихове никой не ги печати.
Никой не ги чете.
Те са опасни —
будят долни инстинкти,
развращават духа.
(Както казва онзи,
дето ще се появи накрая.)
Особено са вредни за деца.
И възрастни.
Напуснаха ме всичките приятели.
Разлюбиха ме всичките момичета.
Една вдовица каза, че съм демоничен тип.

За да не бъда сам,
си купих три червени рибки.
В стъклен съд.
Хранех ги с водни бълхи
и им сменявах водата.

Веднъж
проскубаната котка на хазяйката
успя да ме издебне
и задигна
най-палавата, най-красивата.

THE EXQUISITE IN POETRY
OR
A VICTIM OF TROPICAL FISH

No one publishes my poems.
No one reads them.
They are dangerous.
They arouse base instincts
and corrupt the spirit.
(As the man says
who'll appear at the end.)
They are particularly bad for children.
And for grown-ups.
All my friends have abandoned me.
All the girls have stopped loving me.
A widow said I was a wicked person.

To dispel my loneliness,
I bought three red fish
in a glass tank.
I fed the fish
and changed the water.

One day
my landlady's bedraggled cat
caught me unawares
and stole my most playful,
most beautiful fish.

Останалите две се мятаха от ужас,
щом чуеха коварното животно.
но аз ги пазех най-внимателно.

Една дъждовна вечер,
от тъга,
от самота
и от не знам какво,
реших да прочета на глас
написаното през деня стихотворение.

Сам себе си иронизирайки,
се поклоних пред рибките
и казах:
– Ще позволите ли да рецитирам стихове?

Прочетох им едно цинично,
антиобществено стихотворение.
(Както казва онзи,
дето ще се появи накрая.)

Когато ги погледнах пак,
лицето ми се вкамени от изненада –
цветът им беше станал сивочерен;
с огромни челюсти
и остри зъби
приличаха на мънички акули.

Не се докоснаха до водните бълхи,
които им насипах от пакета,
с презрение отминаха трохите хляб.

The remaining two recoiled in horror,
when they heard the treacherous beast.
I had to guard them very carefully.

One rainy evening,
out of longing,
out of loneliness,
and I don't know out of what else,
I decided to read aloud the poem
I had written that day.

With self-deprecating irony,
I bowed to the fish and said,
"May I have your permission
to recite a poem?"

I read a cynical,
antisocial poem.
(As the man says,
who'll appear at the end.)

When I glanced at the fish again,
I was struck dumb by surprise:
the fish had turned black-gray
and with their enormous jaws
and sharp teeth
they looked like small sharks.

They didn't touch the fish food
I poured from the bag,
they treated the bread crumbs with disdain.

Тогава грабнах котката,
проскубаната котка на хазяйката,
и я захвърлих върху тях.
За миг, за два
нещастното животно бе разкъсано.

От този ден това им стана
любимата храна.

Аз всяка вечер им четях
развратните си стихове
(както казва онзи,
дето ще се появи накрая),
а те растяха
и се озверяваха.
Превърнаха се в истински акули.
Аквариумът трудно ги побираше,
а котките не ги задоволяваха.

Нататък всичко се разви мълниеносно
и закономерно:
когато им четях най-страшната от моите поеми,
аквариумът изпрящя
и се пропука.
Акулите изскочиха навън.
По-кротката разтвори челюстта си
и ме глътна.
А другата изяде гардероба,
където беше скрит един доносчик.

1961 г.

I snatched the cat then,
my landlady's bedraggled cat,
and threw it to the fish.
The hapless beast was torn to pieces
in a flash.

From that day on,
cats became their favorite food.

Every evening
I read them my corrupt poems,
(as the man says,
who'll appear at the end),
and the fish grew bigger
and became more ferocious
until they really did turn into sharks.
The aquarium could not hold them,
and the cats were not enough.

Then everything happened with lightning speed
and according to the rule:
while I was reading my most terrible poem,
the aquarium cracked
and broke into fragments.
The two sharks charged:
the gentler opened wide its jaws
and gulped me down,
the other ate the wardrobe
where an informer was hiding.

ПАСТОРАЛНО

Няма вече да съм злобен
и предизвикателен.
Средствата и враговете ще подбирам.

Сбогом, Софио,
отивам сред природата!

Имам симпатична къщичка в Курило –
ще поправя старата ограда,
кротко и незабележимо ще живея.
Зимно време ще си размишлявам,
лятно време ще отглеждам...
Какво ще отглеждам?!
В буреняците змии се стрелкат само.
Нищо –
вместо пощенски гълъби
ще отглеждам змии.
Всичко се постига с добрина.
Казват, че змиите много се привързвали.
Ще ги пращам
за дребни услуги
в домовете на враговете ми.

1960 г.

PASTORAL

I won't be nasty anymore,
nor provocative.
I will choose my means and enemies with care.

Bye-bye Sofia,
I am going back to nature!

In Kurilo, I have a nice little house–
I will mend the old fence,
and live there quietly, invisible.
In the winter, I'll meditate.
In the summer, I'll raise . . .
What will I raise?
Only snakes dart in the weeds.
Well, I'll raise snakes
instead of carrier pigeons.
You can achieve anything with goodness.
They say that snakes become very attached
to their masters.
I'll send them
as a small favor
to my enemies.

АЛХИМИЦИ

Един пиян и дрипав каруцар
от злоба
и от съжаление към себе си
разкъсва с тежки удари
изсъхналата кожа
на своя още по-нещастен кон.

(Така тогава възприех картината.)

За да спазва ритъма на боя,
каруцарят пее следния речитатив:
„Този труден кон
не издава стон.
Ще го бия час,
ще го бия два,
но ще чуя аз
нужните слова.
Персифедрон!
Персифедрон!“

ALCHEMISTS

A drunken, ragged carter
out of spite,
and self-pity,
splits
the dry skin
of his even more wretched horse
with heavy blows.

(This is how I saw it happen.)

To keep the rhythm of the flogging,
the carter chants,
"This stubborn horse
won't even groan.
I'll flog him an hour,
I'll flog him for two
until I hear
the words I need:
Perciphedron!
Perciphedron!"

Прабългарското знаме
мръсно и проскубано,
трепери
свито между задните бедра на коня.

С безсмислен порив
прекосявам пътя
на режещия въздуха камшик
и върху тялото ми изплющява
последният,
завършващият удар.

Каруцарят топло се усмихва
и започва търпеливо да ми обяснява:
„Както вече сигурно разбрахте,
аз съм дегизиран алхимик.
Ударите върху стара конска кожа,
придружени от изящна реч и разбираема мелодия
(нещо като естетична смазка
в жлебовете, образувани от ударите),
правят кожата чувствителна и крехка.
А –
веднъж естетизиран боят,
болката съвсем човешка става.
И –
когато конят проговори
и ми каже формулата на Персифедрона,
значи, съм постигнал резултата.
В чест на празника.“

The dirty, tattered
Protobulgarian flag
shakes between the haunches
of the horse.*

On a senseless impulse,
I get in the way of
the swishing whip
and its last, its final lash
cuts into my body.

The carter smiles warmly
and patiently explains,
"As you have already gathered,
I am an alchemist in disguise.
Blows on old horse hide,
along with fine speech
and a simple chant
(a sort of artistic grease
in the furrows left by the flogging),
make the skin frail and tender.
But–
once the flogging has become artistic,
the pain becomes purely human.
And–
when the horse begins to speak
and tells me Perciphedron's formula,
I'd have achieved the result I wanted.
Here's to the revolution."

____

* The flag of the Bulgars, a tribe of horsemen who arrived on
the Balkan Peninsula in the seventh century AD, was a horse tail.

Конят дружелюбно се усмихва
(зъбите са идеално бели –
значи, челюстта му е изкуствена)
и започва с двете си очи да мига –
с лявото дава десни сигнали,
с дясното дава леви сигнали.
Както вече сигурно разбрахте,
точно тези мигания означават:
„Аз съм също дегизиран алхимик,
само че съм негов опонент.
Докато ме бие и ми декламира с песен,
аз си мисля разни мърсотии
и по този начин обезсмислям целия процес.
Може би
все пак ще проговоря,
но преди това колегата ми ще процвили.
В чест на празника.“

Светът е преситен от логика
и всякакви съображения.
Ще си възвърна вярата отново,
когато срещна кон!
Кон в чистия му вид!
Кон за самия кон!
Залагам Ричард Трети
срещу Кон!

1961 г.

The horse grins with friendliness
(his regular, perfectly white teeth
must be false)
and winks with both eyes–
with the left, he signals right,
with the right, he signals left.
As you have already gathered
these winks mean,
"I too am an alchemist in disguise,
but also his opponent.
When he flogs me, chanting,
I think up dirty tricks and make
the whole process pointless.
Perhaps
I will begin to speak,
but before that my colleague will neigh.
Here's to the revolution."

The world is sated with logic
and all kinds of considerations.
I will regain my faith
when I meet a horse!
A horse in its pure form!
A horse for the Horse itself!
Richard the Third
for a Horse!

КАПРИЧИО ЗА ГОЯ

Няма го вече стария ужас –
зверски цялостен
и зверски безкраен,
без гримаси и без остроумия.

Ужасът си променя характера –
тупа ме свойски по рамото,
снизходително ме ухажва
и кокетничи с представата за себе си:
„Ние с тебе сме еднакво силни,
ти си само малко по-красив…“
И ми се усмихва.

Ах, особено усмивката го прави гаден,
извратен го прави
и налудничав.

И ме дави непозната гадост.

Сякаш ме целуват похотливо
бебета с мустаци и бради.

1962 г.

CAPRICCIO FOR GOYA

The old terror—
brutally whole,
brutally endless—
without posturing and wit,
is gone.

The terror is different now—
intimate, it pats me on the shoulder
condescending, it courts me
and flirts with its own image,
"We are equally strong, you and I,
you are smarter maybe . . ."
And it smiles at me.

Ah, it's the smile that makes it so revolting,
makes it perverted
and mad.

I feel sick with a revulsion
as never before.

As if babies with beards and mustaches
were kissing me lasciviously.

ПАРАДОКС

Темата е за себеподобните.

Ако нямаме себеподобни,
трябва да си създадем себеподобни.
Страшно.

Една амеба,
една гигантска амеба,
всеки ден
със свръхусилия
скъсява разстоянието между мен и себе си.
Мърда лъжекрачката си,
размахва лъжеръченцата си,
разтяга лъжеусмивчицата си.

Някога все пак ще ме достигне.

Вцепенен от нейната настойчивост,
сигурно ще се отдам.
(Както се отдаваме насън
или в пиянство —
равни дози сладост и омраза.)

PARADOX

The topic is the likes of us.

If we didn't have the likes of us,
we would have to create the likes of us.
It's frightening.

Every day,
with tremendous effort,
an amoeba, a giant amoeba,
shortens
the distance between us.
She moves her little pseudo-feet,
she waves her little pseudo-hands,
she fixes her little pseudo-smile.

Someday she will reach me.

Frozen by her insistence,
I will surely give myself to her.
(The way we give ourselves while asleep
or in a drunken stupor–
in equal doses of lust and hate.)

Този разговор не е себенаказателен.
(Ще се убия,
ако заприличам на свиня,
която
се къпе в локвата от собствените си сълзи
и намира особено удоволствие.)

Амебата
усеща разликата между мен и себе си.
Докато бъда този, който съм,
ще бъда еталон на нейната самотност.

В оня миг,
когато ме достигне,
тя ще се превърне в идеален,
кротък
и трагичен кръг.
Дълго време ще блещукам в нея
като собствена материя.

И когато запълзим отново,
аз ще бъда може би едното
лъжекраче,
лъжеръче
и лъжеусмивчица.

1965 г.

This conversation is not self-punishment.
(I would kill myself,
if I resembled the swine
who washes herself
in the puddle of her own tears
and finds it a special pleasure.)

The amoeba senses
the difference between us.
And my apartness will always be
the measure of her loneliness.

The moment
she reaches me,
she will turn into a perfect,
meek,
and tragic circle.
Enclosed, I will twinkle a long time,
a part of her own substance.

And when the two of us
begin to crawl again, perhaps I will be
one of her little pseudo-feet,
one of her little pseudo-hands,
one of her little pseudo-smiles.

ВТОРО КАПРИЧИО ЗА ГОЯ

Омръзна ми да бъда нощна смяна.
От тъмнината станах суеверен.
Приятел ли е,
враг ли е,
еднакво го отбягвам.
С точността на прилепи се разминаваме.

Станал съм несигурен и подозрителен.
Вече по инстинкт налучквам само
кой ми се усмихва в тъмното
и кой се мръщи.

… Иска ми се бодър да посрещам слънцето.
Може в първия момент да зажумя.
Ще свикна.
Някаква си птица сутрин пеела –
славей ли, какво ли го наричали…
Казват, че било приятно.

1962 г.

SECOND CAPRICCIO FOR GOYA

I am sick of night shifts.
The dark has made me superstitious.
Friends,
enemies–
I avoid them all alike.
Passing, we miss each other
with the precision of bats.

I've become insecure and suspicious.
I guess only by instinct in the darkness
who greets me with a smile
and who with a scowl.

. . . When I meet the sun, I'd like to be cheerful.
Perhaps I'll have to close my eyes at first.
I'll get used to it.
I hear a bird, called a nightingale or something,
sings in the morning . . .
They say it's nice.

ИНТЕРВЮ В УТРОБАТА НА КИТА

– Къде беше –
питат ме –
повече от три десетилетия?

– Бях в утробата на Кита.
Всички виждате,
нарочно питате.

– Как прекара –
питат ме –
три десетилетия в търбуха му?

– И това го знаете –
комар играх
с оня комарджия… Йон библейския.

– Ама Йон излезе –
викат ми, –
теб защо те няма –
питат ме.

– Йон излезе –
господ го откупи,
а за мене дявола не даде пукнат грош.

INTERVIEW IN THE BELLY OF THE WHALE

Where were you–
they ask me–
for more than three decades?

I was in the belly of the Whale.
All of you saw it happen,
why do you ask?

How did you spend–
they ask me–
three decades in his belly?

You know that too.
I gambled
with that gambler . . . the Biblical Jonah.

But Jonah got out–
they shout–
why aren't you out yourself–
they ask.

Jonah got out,
God ransomed him, but the devil didn't pay
a penny to get me out.

— Страшно ли беше —
питат ме —
толкова десетилетия?

— Страшно беше,
скучно стана —
пушех и мълчах,
мълчах и пушех…

— А сега какво ще правиш —
питат ме —
следващото тридесетилетие?

— Аз ли?
Аз не знам,
но знам, че Кита
фасове ще плюе
три десетилетия
и ще замърсява океанската среда.

1981 г.

Was it frightening–
they ask me–
you spent so many decades there?

It was frightening,
then I became bored;
I smoked and kept silent,
I kept silent and smoked . . .

And what will you do–
they ask me–
in the next three decades?

Me? I don't know,
but I do know
that in the next three decades,
the Whale
will be spitting cigarette butts
and polluting the ocean.

ВЪЗДУШНА ЦЕЛУВКА

… А когато у р у р у н г е л и т е * капнат от умора,
аз самичък си измервам лакът разстояние
и поставям две купчинки габъри
(обърнати нагоре).
После коленича върху остриетата,
умолително ръце напред протягам
и прошепвам влажно с дън душата си:
„Хайде да се обичаме…
Хай-де да се о-би-ча-ме...“
И започвам да бера с обезноктени пръсти
алените рози,
цъфнали върху лицето ми.

...А когато у р у р у н г е л и т е гребнат от оловото
и налеят в неразумното ми гърло,
за да запечатат гласните ми струни,
аз докосвам обгорелите си устни с длан
и протягайки след миг напред ръката,
им провождам моята целувка...
Тя по въздуха към тях полита
(затова „въздушна“ я наричам),
плахо ги докосва по челата,
но преди това,
като ефирна ласка,
нежно-нежно набраздява
разтопеното в казаните олово...

1982 г.

---

* Разликата между урунгелите и урурунгелите е както при
ангелите и архангелите

A KISS AS LIGHT AS AIR

. . . And when the *Ururungels** are ready to drop,
I measure out a distance of one foot myself,
and heap tacks in two small piles
(with their sharp points turned up).
I kneel on the tacks then, and imploring,
lift my arms and, slobbering,
whisper from the heart,
"Let's love each other . . .
Let us love each other . . ."
And I pluck the scarlet roses
blooming on my face with fingers
whose nails have been pulled out.

. . . And when the *Ururungels* spoon molten lead
and pour it down my unreasonable throat
to seal my vocal cords,
I touch my burnt lips with the palm of my hand
and lifting it, I blow a kiss to them.
It floats lightly through the air
(that's why I call it "a kiss as light as air")
and touches their foreheads gently,
but before reaching them,
like an ethereal caress,
it gently, gently ripples
the molten lead in the cauldrons . . .

---

* The difference between Urungels and Ururungels is the same as the
difference between angels and archangels.

ЖЕСТОКО ПЛОДОРОДИЕ

Гъба до гъба.
Дърво до дърво.
Слънце до слънце.
Луна до луна.
(Челюсти, цици,
кореми, юмруци,
космически сонди,
досадни поети.)
И още, и още.
И още, и още!

И –
сред всичко това –
размножено до вечност –
едничък.
Някой –
оцелял случайно –
обречен като нафора
за милиардоглавата ламя.

1982 г.

CRUEL FERTILITY

Mushroom next to mushroom.
Tree next to tree.
Sun next to Sun.
Moon next to Moon.
(Jaws, teats,
bellies, fists,
space probes,
tiresome poets.)
And more, and more.
And more, and more!

And–
in the middle of all this–
multiplied to eternity–
only one.
Someone–
survived by chance–
doomed like a wafer
destined for the billion-headed dragon.

* * *

Късно е да бъда развратен.
Всички низши радости,
предложени
срещу миг изневеряване на себе си,
вече съм ги преживял (наситен съм)
в миналите си превъплъщения.
Имам любовта на трима
(Куче, Дух, Жена),
които знаят
за какво
и как
да ме обичат.
А към тази цифра
враговете ми
някога сами ще се прибавят
като дълъг низ
от осъзнати нули.

1967 г.

It's late for me to be corrupted.
All lowly pleasures,
offered
for the price of a moment
of self-betrayal,
I've already experienced (I'm sated)
in my previous reincarnations.
I have the love of a triad
(Dog, Spirit, Woman),
who know
why
and how
to love me.
To this figure
my enemies
will one day attach themselves
as a long string
of self-conscious zeroes.

ОЩЕ МЪНИЧКО... ОЩЕ МЪНИЧКО...

Ако електрическите крушки почнат да ме изтезават
и усетя, че се приближава ОНОВА,
аз започвам да си мисля за бушоните.
Задължително е да си мисля в образи.
Образите трябва да са противоестествени
и обидни за бушоните.
Времето протича неусетно, а бушоните – кога да е –
изгарят.

В тъмното настъпва миг успокоение.

И отново се задава ОНОВА.
Бързам да го изпреваря.
Хващам двете котки – мъжката и женската –
и започвам да им трия гърбовете:
гръб о гръб.
Бързо, като ваксаджиите.
А гръбначните им стълбове потракват.
Електрически искри се разпиляват.
Радва ме обърканият им летеж.
Мъжките искри са ненадейно тромави.
Женските са нервни, но внимателни.
При случайните съприкосновения
следват платонически експлозии.

A LITTLE MORE . . . A LITTLE MORE . . .

If light bulbs start to torture me,
and I sense that THAT is coming closer,
I start to think of electric fuses.
It's necessary to think in images.
The images have to be unnatural
and offensive to the fuses.
Time flies imperceptibly, and sooner or later
the fuses blow.

In the dark, tranquillity sets in.

And THAT appears again.
I hurry to overtake it.
I grab my two cats–male and female–
and start to rub the back of the male
against the back of the female,
fast as a boy shining shoes–
their vertebrae rattle.
Electric sparks scatter.
I enjoy their erratic flight.
The male sparks are unexpectedly clumsy.
The female, nervous and wary.
Platonic explosions follow the accidental shocks.

А когато ОНОВА отново го усетя,
не изпитвам ужас,
а си мисля:
колко е смешен задният двор на ада…
Палми протягат стройни снаги,
благоухания струят от водоскоци,
хорали звучат в съвършена акустика.
Малки дяволчета с ангелска лекота
подскачат от палма на палма,
късат едри кокосови орехи,
изпиват част от млякото,
останалото дават на птичките.
И когато кажа „здрасти“ на някое дяволче
и се здрависаме,
дланите ни се слепват от кокосовия нектар
и се разсмиваме.
И после се замислям в тъмното –

кога и как онази кукувица
успява да снесе яйцата си в ръчния ми часовник?
Кога и как, та все не мога да я видя?
От пулса на ръката ми яйцата се измътват
и ето – на всеки шестдесет секунди
изхвърча по едно кошмарно пиле.
Толкова кошмарно, че дори ОНОВА,
дори ОНОВА се дръпва уплашено.
И това ми е ползата в случая.

Или стискам в юмрука си
малко стъклено топче.
И започвам да мисля за топчето.

And when I sense THAT again,
I am not horrified,
I think about the backyard of hell,
how funny it is . . .
Palms stretch their slender trunks,
fountains spray fragrance,
chorales sound in perfect harmony.
Little devils jump with angelic lightness
from palm to palm,
pick big coconuts,
drink some of the milk
and give the rest to the birds.
And when I say "hello" to one of the tiny devils
and we shake hands,
our palms, covered with coconut milk, stick together
and we laugh.
Then in the dark, I think–

when does this cuckoo
lay her eggs in my wristwatch, and how?
When and how so that I never see it?
The eggs hatch by the heat of my pulse
and here it is–every sixty seconds
a fledgling, a nightmare, flies out.
It's such a nightmare
that even THAT,
even THAT, frightened, recoils.
This is how I benefit from all this happening.

Or I press a marble in my fist.
And I think about the marble.

Но навярно ОНОВА е успяло да докосне топчето за миг,
защото то започва да расте в юмрука ми –
все повече и повече:
достига размер на планета.
Ръката ми обаче си остава същата.
И не изпитвам болка, а изпитвам лугава сласт
от несъразмерния юмрук и топчето-планета.
В последния миг се досещам
и гласно заявявам нещо много познато и много наивно,
като например:
„Вижте там, направете каквото можете, но ако
може, да не се разбере, че все едно, че сам
е паднал и си е счупил черепа…“
Глупостта на фразата и иронията на интонацията
като пружини блъскат ОНОВА.
И ТО се дръпва с отвращение,
разбрало, че е прибързало, че още не съм готов,
че…
Преди да имам стъкленото топче,
държех в ръцете си момиче –
дребно момиче с големи гърди и тънки плешки.
И резултатът беше същият.
Но ОНОВА…

Измислените думи много ми помагат.
Например – Персифедрон.
Всяко повторение донася ново съдържание.
Персифедрон – опашка на комета.
Персифедрон – убийство на древен грък.
Персифедрон – удар в слънчевото сплитане,
което от момента на удара е престанало да бъде
слънчево сплитане,
а е станало сплитане на влечуги.

But perhaps THAT has succeeded
in touching the marble,
because it starts to grow in my fist—
more and more.
It swells to the size of a planet.
But my hand remains the same.
And I don't feel pain, I feel acrid desire—
my fist so out of proportion with the marble-planet.
At the last moment, I realize what's happening
and loudly announce something naive,
something very familiar, something like,
"See there, do what you can, so that no one will know
that he fell down and broke his head . . ."
The stupidity of the phrase and its irony
bounce THAT with the force of a released spring.
IT recoils in disgust.
It has understood that it was too hasty,
that I am not ready yet, that . . .
Before I had the marble,
I held a girl in my arms,
a slender girl with big breasts and thin shoulders.
The result was the same.
But THAT . . .

The words I have invented help me out.
For instance—Perciphedron.
Each repetition brings a new meaning.
Perciphedron: a comet's tail.
Perciphedron: the murder of an ancient Greek.
Perciphedron: a blow to the solar plexus,
which the moment the blow fell,
stopped being a solar plexus,
and became a knot of reptiles.

Персифедрон, Персифедрон, Персифедрон…
Докато изчерпам всеки смисъл
и остане в устата ми вкус на метал.
В случая на бронз.
Бронзовият ми език като езиче на камбана
удря в бронзовото ми небце.
И ечи оглушителен звън.
Чувам си го само аз.
Ако думата бъде Йоланта
(Йоланта, Йоланта, Йоланта…),
ще получа сребърна камбана.

Обикновено толкова е времето,
за което
някой лицемерен садист поправя бушоните.
И когато светнат електрическите крушки,
срамувам се да погледна предметите в стаята –
знам, че със всеки от тях съм развратничил
по непозволен за същността им начин.
Макар и в името на схватката ми с ОНОВА.
Ако можеха да се изчервят,
щях да прехвърля част от чувството си за виновност
върху тях.

ВСЕ ПАК утешава ме мисълта,
че и днеска победих ОНОВА.

Само да не беше този писклив гласец
от неизвестен източник:
– Още мъничко… Още мъничко…
толкова смислен и утешителен,
колкото Йоланта и Персифедрон.

Perciphedron, Perciphedron, Perciphedron . . .
Until I exhaust each meaning
and feel a taste of metal in my mouth.
In this case, a taste of bronze.
My bronze tongue strikes my bronze palate
like the tongue of a bell.
And a deafening clang echoes.
I am the only one who hears it.
If I used the word Iolanta
(Iolanta, Iolanta, Iolanta . . .)
it would be a silver bell.

Usually that would be the time needed
for a deceitful sadist
to replace the fuses.
And when the bulbs light up again,
I am ashamed to look at the things in the room—
I know I have corrupted each of them
in a way alien to their essence,
even if I have done so in the name
of my struggle with THAT.
If they could blush,
I'd transfer some of my guilt to them.

NEVERTHELESS I am comforted by the thought
that I defeated THAT today as well.

I only wish I didn't hear that shrill small voice
coming from who knows where,
"A little more . . . A little more . . ."
as sensible and comforting
as Iolanta and Perciphedron.

Или Фреска,
или Фрещи,
или Фритоли,
или Фретон,
или Жиг.
Особено Жиг!

И ВСЕ ПАК!
И ВСЕ ПАК!

1967 г.

Or Fresca,
or Freshti,
or Fritoli,
or Freton,
or Gigue.
Most of all Gigue!

AND NEVERTHELESS!
AND NEVERTHELESS!

НАФТАЛИН

Уви, панталоните на жокея
ни напомнят жокей
повече от самия жокей, защото
нали той… о, боже, като си представя…
Но за него по-нататък.
Крачолът е издут в колената
напред и встрани,
лъщи подплатеното с кожа седалище.
Това е достатъчно,
за да видим отново:
стойката,
старта,
финиша.
И най-вече победата,
завършила с катастрофа
в последното състезание.
Конкур ипик!

О, нафталин!
Съзвездие от кристалчета!
Ти го боцваш!
Ти го боцваш молеца,
дето хищно пълзи
върху крачола на жокея.
В слабините!
Молецът процвилва!

NAPHTALENE
(Mothballs)

Alas, the jockey's breeches
remind us more of the jockey
than the jockey himself, because wasn't he . . .
oh God, when I think of it . . .
About him later.
The breeches are baggy at the knees,
in front, and on the side.
The seat, lined with leather, shines.
This is enough to make us
see again:
his posture on the horse,
the start,
the finish.
And most of all the triumph
that in the last race
ended in disaster.
Concours Hippique!

Oh mothballs! Oh naphthalene!
Constellation of little crystals!
You prick him!
You prick the moth,
a predator
who crawls on the jockey's breeches.
You prick him in the flanks!
The moth neighs!

Подскача от болка!
През стъклото на гардероба,
като през лупа:
див кон,
хванат в ласо мустанг,
необязден звяр,
скок нагоре – изгърбено,
скок встрани,
скок в обратна посока,
на задните крака.
Ще утихне той,
ще се предаде.
Но защо потрепервам аз!
И защо е това сластно желание
да пробия със скок
витрината на гардероба?
И да сграбча за шията кончето?
Да вбия пети в слабините му?
Не бива да гледам.

Но разбирам сега лаборантката.
Разбирам нейния срам,
безпричинното ѝ изчервяване:
Върху екрана на микроскопа –
огромен микроб:
скокове – нагоре, встрани, обратно.
Див кон!
Хубав кон!
Еротичен ток разтърсва лаборантката –
поривът да укротиш неукротимото –
да го яхнеш тоя микроскопен кон,
да го подчиниш между бедрата си…

And jumps with pain.
Through the door-pane of the wardrobe
as through a lens:
a wild horse,
a lassoed mustang,
unbroken beast,
he jumps up–hunched,
he jumps to one side,
he jumps in reverse
on his hind legs.
He will calm down,
he will surrender.
But why do I tremble!
Why this lust
to jump
and break the door-pane of the wardrobe?
And to grab the little horse by the neck.
To dig my heels in its flanks?
I shouldn't look.

But now I understand the laboratory technician.
I understand her shame,
I understand why she blushes without reason:
an enormous microbe leaps
in the field of the microscope–
up, to one side, in reverse.
A wild horse!
A beautiful horse!
An erotic current convulses the technician–
an impulse to tame the untamable–
to mount that microscopic horse,
to master him between her thighs . . .

Трепват бедрата на лаборантката.
Трепва фокусът на микроскопа.
Няма конче,
има непонятен срам:
Не! Не срамът на хвърлен ездач,
не! –
действието не опозорява.
Нещо друго –
всички го разбираме,
но това ни прави двойно срамежливи.

Всичко дотук –
между другото.
Да си спомним сега за жокея:
последният старт
и победата,
завършила с катастрофа.
Името на коня беше Нафталин.
Що за хрумване!
Що за съвпадение!
На терена – с походка на тигър!
Над препятствията – с летеж на птица!
И когато закова на финиша,
и когато запрати в праха жокея,
сам обра аплодисментите!
Стар кон беше!
Опитен кон беше!
Хитър беше!
Нафталин!
И когато…
Какво?

The technician's thighs quiver.
The microscope's focus trembles.
There is no little horse,
but an inexplicable shame.
No, this is not the shame of the rider
thrown from a horse,
no!—
falling from a horse doesn't disgrace us.
It is something else—we all understand it,
but it makes us even more shy.

All that—
was in passing.
Let's remember the jockey,
the last victorious
race
that ended in disaster.
The horse's name was Naphthalene.
What an idea!
What a coincidence!
He races like a tiger!
He flies over the hurdles like a bird!
And when he stopped short at the finish,
and when he threw the jockey in the dust,
he got all the applause!
He was an old horse.
An experienced horse!
A sly horse!
Naphthalene!
And when . . .
What?

На погребалната процесия,
с черно кадифе наметнат,
най-отпред красиво пристъпваше,
никой не мислеше за жокея —
всички те него гледаха!
А трофеите на победите
така му подхождаха!
Бяха негови!
Единствено негови!
Вече.
Ето това е понятно.
Всичко е както трябва.
Конят убива ездача —
не е за първи път.

Гардеробът е пантеон:
гащите на жокея,
куртката на полковника,
лампазите на генерала,
бельото на монахинята,
кърпата на предателя,
торбата на просяка,
ръкавицата,
чорапът копринен
и банкнотата, скрита в чорапа,
и…
И е ясно, че това не е безсмъртие,
не е дори дълголетие.

О, нафталин!
Съзвездие от кристалчета!
Боцни го!
Боцни го молеца!

And when, covered with black velvet,
he advanced with a beautiful step
at the head of the funeral procession,
no one remembered the jockey,
everyone was looking at the horse:
the trophies suited him so well!
They were his!
Only his!
Already.
All that is natural.
Everything's as it should be.
The horse kills the rider,
it won't be the first time.

The wardrobe is a pantheon:
the jockey's shorts,
the colonel's jacket,
the general's stripes,
the nun's underwear,
the traitor's handkerchief,
the beggar's bag,
the glove,
the silk stocking,
and the money hidden in the stocking,
and . . .
And clearly this is not immortality,
it isn't even a long life.

Oh, naphthalene!
Constellation of little crystals!
Prick him!
Prick the moth!

Да подскочи!
Да изцвили!
Да се запремята лудо –
върху гащите,
върху лампазите,
върху пагоните,
върху скрижалите!
Превърни го във вихър
от агонизиращ живот.

Или?
Всъщност?

1968 г.

To jump!
To neigh!
To start tossing in a frenzy—
on the shorts,
on the stripes,
on the stars,
on the Testaments!
Turn him
into a whirl of life
full of agony.

Or?
As a matter of fact?

АДАПТАЦИЯ

Бързо!
Трябва да отидем на площада,
на площада с мощните фонтани,
мощните фонтани, дето бликат
розови благоухания и бензаалдехид.
Трябва да сме точно в пет и тридесет.
Точно както е написано в поканата –
пет и половина!
(Кръговете очертаха тази нощ.
Видях ги.)
Точно в пет и половина ще потеглим.
Както е написано в поканата –
точно в пет и тридесет.
Кротка музика ще ни разтапя костите;
кротък глас ще ни подканя меко:
„Отпуснете се…
съвсем се отпуснете…“
Всеки в очертания си кръг ще крачи,
всеки кротки удари ще си самонанася.
И разнежени до самоубийство,
миналите престъпления ще си разказваме.

Точно в центъра,
в самия център точно,
девствени девойки в бели туники

ADAPTATION

Quick!
We must hurry to the square,
the square with the powerful fountains,
the powerful fountains that spout
rose fragrance and benzaldehyde.
We must be there at exactly five-thirty.
Exactly as the invitation requests–
at half past five!
(The circles were painted that very night.
I saw them.)
At exactly half past five we shall start.
Exactly as the invitation requests–
at five-thirty exactly.
Soft music will begin to dissolve our bones,
a soft voice will gently coax us:
"Relax . . .
relax completely . . ."
Everyone will walk in one of the painted circles,
everyone will strike himself gently.
And moved to suicide,
we'll tell each other
of our past crimes.

Exactly at the center,
at the very center exactly,
virgins dressed in white tunics

ще танцуват, скъпа, ще танцуват
като символи на очищение.
След това ще се окаже (сигурно),
сигурно ще се окаже (след това),
че са доброволно преоблечени мъже,
а не девици.
Но нима е важен полът –
символът! –
символът е важен, скъпа.
И
разнежени ще си разказваме
миналите престъпления;
с облекчение ще изповядаме
най-ужасните си помисли.
Няма никой никого да слуша –
всеки сам на себе си ще си говори.
И ще се отпускаме,
съвсем ще се отпускаме.
Шествието в кръг ще продължава
до момента,
до момента, в който всичките усетим,
че не са ни нужни вече думите
и че не мислим двойствено,
и че мислите не ни измъчват,
че са ни достатъчни две, три желания.

И тогава ще ми стигне,
ако ти ми кажеш: бу-бу-бу...
И тогава ще ти стигне,
ако аз ти кажа: ву-ву-ву...

will dance, my dear, will dance
as a symbol of absolution.
Afterwards it will turn out (surely),
surely it will turn out (afterwards)
that they are men in women's clothes,
not maidens.
But is their sex really important
next to the symbol!
The symbol is important, my dear.
And
moved, we shall tell each other
of our past crimes;
relieved, we shall unburden ourselves
of our most terrible thoughts.
No one will listen to anyone else–
everyone will talk to himself alone.
And we shall relax,
we shall relax completely.
The procession will continue to move in a circle
up to the moment,
up to the moment when we feel
we don't need words anymore,
we have no more double thoughts,
our thoughts no longer torment us,
and that we have only two, three wishes.

It will be enough for me then,
if you say to me Boobooboo . . .
It will be enough for you then,
if I say to you Voovoovoo . . .

А едно мучене на щастлива крава
най-добре ще изрази
това, което
двадесет и толко века ни вълнува.

А сега –
да легнем на площада
и да дремнем колективно
два-три-пет-шест века.
Даже сънища не се полагат вече.
Някой друг от наше име ще сънува…
Собствените ни кошмарни сънища ще ги сънува…
И ще ги тълкува на света.
Изопачено.

1968 г.

And a happy cow's moo
will best express
the thing that has been troubling us
for twenty centuries or so.

And now—
let us lie down on the square
and have a nap
for two or three or five or six centuries.
Even dreams are already superfluous.
Someone else will dream in my name . . .
Someone else will have my nightmares . . .
And explain them to the world.
And misinterpret them.

БЕЗКРАЙНА ПОЕМА
(откъс)

Колко пъти —
вече съм забравил —
бях изгарян назидателно,
а с праха ми,
в четири посоки,
наторяваха
изнемощели бурени
и подхранваха раздрипаните карамфили-бройлери,
от ония,
дето ги поднасят
на бездарните ни юбилейници.

Става ми досадно смешен вече
цикълът от смърт и възкресяване…
Всеки, който е умирал много пъти,
знае, че смъртта е безобидна бабичка.
Карнавалната ѝ маска само
предизвиква суеверен трепет.
Страшно е обаче всяко възкресяване!
Болките на всяко възкресяване…
ужасът на всяко възкресяване…
Рискът да посмееш да възкръснеш пак…
сам на себе си да бъдеш инженер,
да сглобиш от атоми и хромозоми
н е щ о т о ,
което ще наподобява,

ENDLESS POEM
(a fragment)

How many times–
I've already forgotten–
have I been burnt at the stake
as an edifying example,
and how many times
have my ashes been scattered
to the four winds to fertilize
droopy weeds and feed
ragged carnations
of the sort given to our oafish VIPs
on their anniversaries.

The cycle of death and resurrection
becomes comically exasperating.
Everyone who has died many times
knows that death is a harmless old woman.
Her carnival mask brings only
a superstitious shiver.
But a resurrection is so scary!
The pain of each resurrection . . .
The horror of each resurrection . . .
The daring to risk and rise again . . .
To be your own maker,
from atoms and chromosomes to reconstruct
the thing,
which in a distorted and comical way

уродливо и комично,
бившото ти „аз“.

Ровя в поразената си памет.
Докато…
Докато събудя мисълта,
докато си спомня думите,
докато разсвиря гласните си струни.
Докато успея, без запъване,
неусетно за самия себе си,
да изпея думата-разковниче:
Персифедрон.

Ура!

Тялото ми постепенно си възстановява болките –
значи, вече съм нормален,
оцелял съм, дявол да ме вземе.
Радостно ми е!
Персифедрон! Ура!

Сляп ли?
Зная, че съм сляп.
И за красотата, и за грозотата –
сляп!
Но къде са моите оченца, а?
Моите оченца днес красят
на пауна красните пера.
А перата на пауна украсяват
капите на стройните гвардейци.

will resemble
your previous "I."

I search my afflicted memory.
Until . . .
Until I collect my thoughts,
until I remember the words,
until I exercise my vocal cords.
Until, without stumbling,
without even being aware of it,
I succeed in singing the magic word:
Perciphedron.

Hurrah!

My body feels pain again–
so I am back to normal,
I have survived, damn it.
I feel happy!
Perciphedron! Hurrah!

Blind?
I know, I am blind.
To beauty, and to ugliness–
I am blind!
But where are my little eyes, huh?
Today my little eyes adorn
beautiful peacock feathers,
and the beautiful peacock feathers
adorn the caps of the sleek Mausoleum Guards.

Колко обезопашатени пауни
за една гвардейска рота.

Затова съм сляп.
Рапорт. Музика. Перата се полюшват.
А в перата трепкат моите оченца:
някой е пристигнал,
друг си заминава…
Моите оченца цял живот
посрещат – изпращат,
изпращат – посрещат…
Гледката е красива.
Аз обаче съм сляп.
Персифедрон!

1979 г.

How many peacocks without tails
for a Guards' regiment?

That's why I am blind.
Attention! Fanfare. The feathers sway.
On the feathers, my little eyes blink:
a VIP has arrived on a visit
another is departing . . .
My little eyes
welcome them–see them off,
see them off–welcome them . . .
The sight is beautiful.
I, however, am blind.
Perciphedron!

ЗАЩО!

*На всички дето хиляди пъти са ме
разстрелвали с полицейското:
„Защо?“, посвещавам тази проста и ясна
историйка.*

                  С отвращение: Авторът

Крон-жиг!
(Както е написано: с тиренце по средата.)

– Кой е той!

Той не е „той“, а тя.

– Коя е тя!

Крон-жиг е почти вълшебна риба.
Тя лежи на дъното на океана.
Но на всеки сто и толкова години
се показва на повърхността
и изкрещява:
„Крон-жиг!“
Изкрещява името си.
Собственото име изкрещява.

– Защо!

Много си обича собственото име.
Затова.
Целия оскъден кислород на океана е изстискала
в името на тези две мехурчета от кислород:

WHY!

Kron-zhig!
(The way it is spelled–with a hyphen.)

Who is he!

He is not a " he," but a she.

Who is she!

Kron-zhig is an almost magic fish.
She lies on the bottom of the ocean.
Every hundred years or so
she emerges from the deep,
and shrieks,
"Kron-zhig!"
She shrieks her name,
her own name.

Why!

She really loves her name.
That's why.
She has squeezed every little bit of ocean air
in the name of these two oxygen bubbles,

„Крон-жиг!“
Творческа натура.
След това Крон-жиг започва в кръг от олио
да се върти.
Тя не може този кръг от олио да пресече –
отвращава я до олио да се докосне.
Не обича олио.

– Кой е начертал кръга от олио!

Тя самата си го начертава.
Даже олиото си е нейно собствено.

– А защо го прави, щом се отвращава!

Ще ви кажа:
Тя
така
сама
съзнателно
ограничава
себе
си.

– А защо така ограничава себе си?

Ще ви кажа:
ако някой я попита –
„Ти защо?“,
рибата отвръща
все това:

"Kron-zhig!"
A creative creature.
After that Kron-zhig begins to spin
inside a circle of oil.
She cannot cross the circle–
she hates to touch oil.
She doesn't like oil.

Who drew the oil circle!

She drew it herself.
Even the oil is hers.

And why does she do it, if it disgusts her!

I'll tell you:
in this way,
she
consciously
limits
her
own
self.

But why does she limit herself?

I'll tell you:
if someone asks her "why"–
the fish always
gives the same answer,

„Искам
сламена шапка
с козирка!“

„Питаме „защо“ и „как така“!

Ще ви кажа:
ако някой я попита –
„Как така?“ –
рибата отвръща
все това:
„Искам
сламена шапка
с козирка!“

– Но защо, защо, защооо!

Ще ви отговоря:
рибата
така
ограничава
любопитството
на
другите.

– Защооо!?

Защото:
Изведнъж Крон-жиг започва плуване по гръб.

– Защо!

"I want
a straw hat
with a visor!"

We are asking "why" and "how come!"

I'll tell you:
if someone asks her,
"How come?"–
the fish always
gives the same answer,
"I want
a straw hat
with a visor!"

But why, why, why-y-y!

I'll answer:
in this way
the fish
limits
the curiosity
of
all others.

Why!?

Because:
Kron-zhig suddenly starts to swim on her back.

Why!

За да можем без усилие да прочетем
две магически слова върху корема ѝ. –
С бели букви е написано: „Персифедрон“,
с черни букви е написано: „Абурадан“.
В този миг долитат неизвестни птици…
Белите птици – черния надпис кълват.
Черните птици – белия надпис кълват.
Ето –
изкълваха всички букви.
А Крон-жиг
успокоен пое към дъното.

Но какъв е смисълът на текста?!
Текста-текста-текста-текстааа?

Смисълът на текста е в подтекста.

– Нищо не разбираме! Ни текста, ни подтекста…

Птиците изяждат само текста,
а подтекста го изплюват след това –
като костилка –
те не могат да го смелят и премелят…
Като минат още сто години,
всичко ще ви стане ясно.

– Но защо след сто години чак!
Защо, защо, защооо…

Затова!
Защото сте безсмъртни!

So that we could effortlessly read
the two magic words on her belly.–
"Perciphedron" written with white letters,
"Aburadan" written with black letters.
At this moment mysterious birds fly by.
The white birds peck at the black letters,
the black birds–at the white letters.
Look–
they pecked out all the letters.
And Kron-zhig,
calmed, starts for the bottom.

But what is the meaning of the text?
The text–the text–the teeext?

The meaning of the text is in the subtext.

I don't understand anything! Neither the text nor
                              the subtext . . .
The birds eat only the text,
and afterwards spit out the subtext–
a stone,
they cannot digest and assimilate . . .
In another hundred years
everything will become clear.

But why only in a hundred years!
Why, why, why . . .

Because!
Because you're immortal!

– Кой ще ни го обясни след сто години!

Някой друг.
Ако не го убиете
с обвинителни въпроси
още в майчината му утроба.

1981 г.

Who will explain it to us in a hundred years!

Someone else.
If you don't kill him
with accusatory questions
while he is still in his mother's womb.

БЕЗКРАЙНА ПОЕМА
(втори откъс)

Събуждам се.
И:
ужас:
установявам, че съм жив.
За кой ли път…
И докога?
Омръзна ми!

Лъщи пореден ден –
като подарък-наказание.
А некролозите около мен се размножават:
Снимка и стих, снимка и стих…
(Стих! Стих! Стих!)
Все другите! Все другите!…
А Коста (сиреч аз) –
не го печатат.
Не го печатат…
А съблазнителна е перспективата-надежда:
„Нашият скъп… От вечно скърбящите.“

Защо скърбящите се смятат вечни?
Умира вечният скърбящ
и със смъртта си ражда нов скърбящ:
„От вечно…“

ENDLESS POEM
(Second fragment)

I wake up.
And what horror–
I find that I'm alive.
How many times . . .
Until when?
I am fed up!

It's another glittering day–
a present, a punishment.
And all around me obituaries are multiplying.
On each obituary: a photograph and a poem,
a photograph and a poem . . .
(A poem! A poem! A poem!)
Always a poem written by someone else! Always!
Kosta (that means me)–
is not published.
He is not published . . .
And the great expectation, the great hope to read,
"Our beloved . . . From the eternally mourning . . ."

Why do mourners think, they are eternal?
The eternal mourner dies and with his death
gives birth to a new mourner,
"From the eternally mourning . . . "

Нещастни мои, тъжни и добронамерени (и не!) убийци…
Все пак поетът е красив безсрамник:
когато къса дрехите си
(псувайки),
когато ви се разсъблича
(псувайки),
не предизвиква лоши помисли
(освен у покварените).
И нека се окаже, че сте прави,
и нека се окаже, че е изрод
душата-тяло разсъблечена;
красиво е само по себе си
безсрамното му разсъбличане;
утеха е:
за изродите с хубави сърца
и назидание
за съвършените мръсници.

Ох,
ето свечерява се отново
и ще заспя с измамата,
че моята душа е чиста.

Когато дойде утрешният ден,
аз завещавам като клетва:
не ми къпете тялото!

И:
никакви дисекции —
направих си ги сам:
„Смъртта е неестествена!“

1979 г.

Oh my miserable, sad, and well-meaning (or not!) mourners . . .
Still the poet is so handsome, shameless:
when he tears at his clothes
(cursing),
when he takes them off
(cursing),
he rouses indecent thoughts
(only in the depraved).
And let it turn out that you're right,
let it turn out that he is a monster–
his body and soul exposed–
his shameless exposure
is beautiful in itself:
it's a consolation
for the monsters with beautiful hearts,
and an admonition
for the unsurpassed scoundrels.

Ah,
it's getting dark again,
and I'll fall asleep with the delusion
that my soul is pure.

Come tomorrow,
my last wish is:
do not wash my body!

And:
no postmortems–
I have already dissected myself,
"Death is unnatural!"

III

ХЛАДНА ИЗПОВЕД

Късно е вече.
Лекомислено пропилях живота си —
нямах воля дори за престъпник.
А талант —
точно такъв! —
беше ми дал,
Господи.
(Твоят поглед не ме смразява.)

Късно е вече.
Нито Ти,
Господи!
Нито —
Дявола!
Идвам при вас,
както в старчески дом:
по-младият старец —
на посещение.
(Твоят поглед не ме изгаря.)

Нито топъл,
нито студен
се явявам пред Тебе,
Господи.
Пожали хладния.
(А ми е все едно.)

1988 г.

LUKEWARM CONFESSION

It's already late.
I have wasted my life thoughtlessly–
I didn't even have the will to become a criminal.
But talent–
just that!–
You have given me,
oh Lord.
(Your gaze does not make my blood run cold.)

It's late.
Neither You,
my Lord,
nor the Devil
can change anything!
I am coming to see both of you
as in a nursing home:
a younger old man
on a visit.
(Your gaze does not make my blood boil.)

Neither hot
nor cold,
I appear before You
oh Lord.
Have mercy on the lukewarm me.
(And I don't care.)

ТОЧНО ТОГАВА

Когато мракът влезна вътре в мен
и се превърна в режещи кристали…

И когато…

И след това.

И бездната, когато.

И мъката душевна.

И болката физическа.

И кучката-съдба.

Все пак, над всичко – мракът!

Тогава точно –
слънчев лъч
(случаен?, преднамерен?, честен?, подъл?, Все едно!)
с копринена гальовност
и метална якост
провисна в тъмнината.

JUST THEN

To Valeri Petrov

When darkness invaded me
and turned into razor-edged crystals . . .

And when . . .

And after that.

And the abyss, when.

And the mental torture.

And the physical pain.

And fate–the bitch.

And above all–darkness!

Just then–
a sun ray
(accidental? premeditated? honest? two-timing?
                        What 's the difference!)
penetrated the darkness
with a silky caress
and the hardness of metal.

Благодаря ти, слънчев лъч.
Безценен дар!

Божествен знак!
Искра от обич!
Избавител!

Благодаря! Благодаря! Благодаря!

Сега вися. —
Успокоен.
Щастлив.
Не чувствам мъка.
Няма болка.
И не съм отчаян!
Полюшвам се
на слънчевия лъч.
Копринена гальовност
и метална якост —
около моя жилав врат.

1987 г.

Thank you, sun ray.
Precious gift!

Divine omen.
Sparkle of love.
Savior!

Thank you. Thank you! . . .

Now I hang.–
Calm.
Happy.
I don't feel pain.
No distress.
And I am not desperate!
I swing
on the sun ray.
A silky caress
and the hardness of metal–
around my sinewy neck.

ВТОРА САМОТА

На Добри Жотев

Най-извратената самота –
сам сред милиардите себеподобни.
Сам.
Като дърво,
загубено
в гора.
Тълпа от самотници –
смешно и страшно –
огледално размножен един и същи образ.
Себеповторение до себеобезсмисляне.
Сомнамбулни движения.
Сън, който сънува самия себе си.
Любов? Към кого?
Към отразеното в огледалото?
Обладаваш така,
както би обладал огледало.
И по същия начин убиваш –
без чувство.
И без болка.
„Оооо…“

1988 г.

SECOND SOLITUDE

To Dobri Zhotev

The most unnatural solitude—
alone among billions of the likes of you.
Alone.
Like a tree,
lost
in a forest.
A multitude of loners—
funny and frightening—
mirror copies of the same face.
Self-repetition to senselessness.
Sleepwalker's wanderings.
A dream, dreaming itself.
Love? For whom?
For the one reflected in the mirror?
You ravish
the way you'd ravish a mirror.
And you kill the same way—
without feeling.
And without pain.
"Oooo . . ."

В РОМАНТИЧЕН ПЛАН

На Иван Тодоров

В нощта срещу свети Вартоломей
поканих спомените си на пиршество.

О, дръзки спомени,
съперници на бъдещия ми живот!
Барони на частици от душата ми!
О, жалки узурпатори!
Наздраве! Пийте!
За последен път!

В часа наречен нула, нула, нула,
отрязах котвите,
платната изгорих.
А после,
с тази
моя,
белязана от Ангела ръка,
прободох всички свои спомени,
по-възрастни от Днес.
А други нямаше…

В морето! –
труповете на съперници,
отхранени от паметта ми!
Сега съм Никой!
Корабе, лети!

FROM A ROMANTIC ANGLE

To Ivan Todorov

On St. Bartholomew's eve,
I invited my memories to a feast.

Oh, daring memories,
rivals to my future life.
Rulers of particles of my soul.
Pitiful usurpers.
Your health! Bottoms up!
For the last time.

At the hour, called zero, zero, zero,
I cut the anchors loose,
I burnt my sails.
And then,
with this,
my hand,
marked by an Angel,
I knifed all my memories
older than the memories of Today.
And these were all I had . . .

In the sea
are my rivals' corpses,
nurtured by my memory.
Now I am Nobody!
Ship, fly!

Надсмивам се над водната бразда,
защото не е белег за обратен път.

Три хиляди години ме делят
от острова,
където ме очакват.

Ще властвам като Бог,
наричан с преданост и обич:
Никой!

1988 г.

I laugh at the water furrow, because it isn't
showing the way back.

Three thousand years separate me
from the island
where I am expected.

I will rule like a God,
called with devotion and love:
Nobody!

ВЕЛИКОТО СБОГУВАНЕ

Ето, дойде Времето!…

Точно сега
и точно тука –
хвърли лавровия венец във водата.
И медалите – също.
Титлите…
Дрехите…
Маските…
И резервния лозов лист.
Хайде –
изтанцувай последния танц.
И скочи.
Гол.
Точно сега.
И точно тука,
където
потокът на Славата
ще се влее
в реката на Забравата.

Сбогом, Великий!…

1988 г.

THE GREAT GOOD-BYE

See, the time has come! . . .

Right now,
and right here–
toss the laurels into the water.
And the medals–too.
The titles . . .
The clothes . . .
The masks . . .
And the spare fig leaf.
Go–
dance your last dance.
Then jump.
Naked.
Right now.
And right here,
where the stream of Fame
flows into
the river of Forgetfulness.

Farewell, Great One! . . .

СБОГОМ, СПАСИТЕЛЮ...

На Румен Леонидов

Освен моите стъпки
усещах и други стъпки.
Усещах –
но не ги чувах.

Дребно, черно, с кафяви петънца –
от никъде –
кученцето връхлетя с тънък вой.

Не срещу мен –
срещу другия,
с Другите стъпки,
когото усещах само.

Кратка беше борбата.
Агонията – с квик –
също.
Кученцето изпъна крачка.

И тогава чух стъпките.
И тогава видях –
Смъртта победителка бягаше.
Бягаше –
накуцвайки.

1988 г.

FAREWELL, SAVIOR

To Rumen Leonidov

Next to my step
I sensed another step.
I sensed it,
but didn't hear it.

A tiny, black-and-brown spotted dog,
coming from nowhere,
whining shrilly–pounced.

Not on me–
it pounced on the other,
the one with the different step,
whom I had only sensed.

The struggle was short.
The dog's agony was brief too–
it squealed
and stretched out its legs.

And then I heard the steps.
And then I saw–
victorious Death running away.
Death was running away,
limping.

ПЛАЧ НА ЕДНО БИВШО КУЧЕ

Братя мои, разнородни кучета.
Простете ми.
Аз изневерих.
Предадох ви.

Няма да забравя онзи вой
през нощта, когато се разделяхме.
Как на всички мои доводи,
че порода като моята не съществува,
че сме братя само по морал
и искреност…
Няма да забравя онзи нежен вой,
с който ми доказахте, че има!
Има такава порода!
Макар в единствен екземпляр!
Има!
Има!

Благодаря ви.
И простете.
Недостоен бях.

Сега не знам къде съм точно.
И какъв?
Замерям с камъни

CRY OF A FORMER DOG

Brothers, dogs of different breeds.
Forgive me.
I was unfaithful to you.
I betrayed you.

I won't forget the way you howled
the night we separated,
refuting all my arguments
that a breed like mine doesn't exist,
that we are brothers only in morality
and in integrity . . .
I won't forget your tender howls—
the proof that there is a breed like mine,
even if only one specimen
of this breed exists!
There is!
There is!

I thank you.
And forgive me.
I was unworthy of you.

I don't know where I am,
or what I am.
I throw stones

четирикракото си минало,
облайвайки
двукракото си настояще…

Макар да съм достоен за съчувствие,
не ми прощавайте.
Предадох себе си.
И вас предадох.
Сбогом.
Но кому?

1983 г.

at my four-legged past,
barking
at my two-legged present . . .

Though I am worthy of your compassion,
don't forgive me.
I betrayed myself.
I betrayed you.
Farewell.
But to whom?

СЕВЕРНО СИЯНИЕ

Когато,
най-накрая,
сляпата планета
простреля
с двоен изстрел
лявото
и дясното си слепоочие…
И клюмне,
и се изтърколи…

…Сиянието Северно
ще трепка още...
Ще се наклони –
два пъти –
ляво-дясно
и обратно –
като каскет,
останал ненадейно рязко
без глава.

1987 г.

POLAR LIGHT

When
at the very end
with a double shot,
the blind planet
fires at its left,
then at its right temple . . .
And droops,
and rolls away . . .

The Polar light
will keep glimmering . . .
It will bow
twice–
left to right,
right to left–
like a cap,
suddenly abruptly
missing
its head.

БЕШЕ XX ВЕК

Човечество,
сбогувай се със себе си.
Дойде ти времето.
Какво ще занесеш в небитието –
два-три стиха?
Няколко мелодии?
Несъвършени.
Останалото нека изгори.
Ще бъде справедливо.
Природо, майко,
отдъхни си –
ако не те убие разривът
на сетното сбогуване,
животът ще изтрие спомените-рани
за най-жестоката
и най-фалшива
твоя рожба –
хомо сапиенс.
И никой няма,
и не бива да тъжи.

IT WAS THE 20TH CENTURY

Humanity,
bid your last farewell.
Your time has come.
What will you take
with you into nothingness–
two or three poems?
A couple of melodies?
And those, imperfect?
Let the rest burn.
It would only be just.
Nature, mother,
rest now–
if the rupture
of your last leave-taking
hasn't killed you.
Life will erase the memories-wounds
of your cruelest
and most duplicitous
offspring–Homo Sapiens.
And no one will grieve,
and no one should grieve.

В безкрайността –
посока небитието –
ще плуват само два-три атома тъга –
абсурдната любов –
на няколкото оцелели кучета,
като последен,
незаслужен реквием.

1982 г.

Only sadness—
two or three atoms,
the absurd love
of a few surviving dogs—
will drift
towards infinity,
into nothingness
like a last,
unmerited requiem.

ИЗХОД ВИНАГИ СЪЩЕСТВУВА

Ако изведнъж полудея…
Ако мозъкът ми
изведнъж
се изправи пред Великия Абсурд
на собственото си съществуване…
Ако отрече самия себе си…

Ако собственото ми съзнание се разбунтува,
ако обяви за карцер
черепната ми кутия…
И ако избяга…

Ако сетивата ми помръкнат,
унижени
от бездарната ми кариера…

Ако полудея изведнъж,
ако неусетно стана някой Друг?
Ако този Друг е двойникът-предател?

Ако изведнъж полудея!
На какво да се надявам?

THERE IS ALWAYS A WAY OUT

If I suddenly went mad . . .
If my brain
suddenly
faced the Great Absurdity
of its own existence . . .
If it denounced itself . . .

If my own consciousness rebelled,
if it declared my skull
a cell for solitary confinement.
If it escaped . . .

If my senses grew dull,
humiliated
by my wretched career . . .

If I suddenly went mad,
if, imperceptibly, I became Someone else?
And this Someone, my double, was a traitor?

If I suddenly went mad!
What could I hope for?

На това,
че миг преди Това,
като скорпион,
инстинктът ми за себесъхранение
ще насочи жилото
към собственото си коремче...

Може би
единствено така
ще опазя
Нещото,
което ми се искаше да бъда
и което,
до известна степен,
Бях.

1988 г.

That,
a moment before That–
like a scorpion,
my instinct for self-preservation
would direct its sting
towards its own belly . . .

Perhaps,
this is the only way
I could preserve
It–the Thing I wanted to be–
and, to a certain degree
was.

ВИК ЗА ПОМОЩ

Този Вик пътува вече 20
(30? 40?)
хиляди години.
Промъква се през вековете –
(пада, става, залита,
пълзи, лети, накуцва)
оглушава епохите,
назовава убиеца.
Ето –
(Викът!)
прекосява нашия ден,
продължава Натам.
Натам…
По кръга
(или спиралата)
на Времето.
Докато направи пълна обиколка
и достигне изходната точка…
И –
още една,
залитаща,
(и последна!)
крачка…

CRY FOR HELP

This Cry has already been traveling
20 (30? 40?)
thousand years.
It has been sneaking through the centuries—
(falling, rising, staggering,
crawling, flying, limping)
deafening the epochs,
naming the murderer.
Look—
(The Cry!)
is crossing our day,
and continuing that way.
That way . . .
Tracing the circle
(or spiral)
of Time.
Until it completes a full revolution
and reaches the starting point . . .
And—
one more
staggering
(and last!)
step . . .

Където
(или Когато)
убиецът е още жив,
но още не е извършил убийство.
А Викът още не е роден,
но е запомнил убиеца.

1988 г.

Where
(or When)
the murderer is still alive,
but hasn't murdered yet.
And the Cry isn't yet born,
but remembers the murderer.

РЕПЕТИЦИЯ ЗА ГАЛА ТАНЦ

Госпожице Смърт! Уважаема.
Уважаема!
Моят танец е леко старичък.
Старичък.
Вие сте все така младичка.
Младичка!
Хоп, две крачки на левичко?
Левичко!
Що ме теглиш на десничко!
Десничко!
Аз ли съм кавалерът, курвичко!
Курвичко!
Или ти ще ме водиш, слънчице?
Слънчице…
А защо твоят танц ми повдига… Онова…
Как да го назова… Как да го назова?…
И защо ти се изчервяват костите?
Костите?…

Ох, сладост моя,
парче непредвидено!
Ох, ох, ох!
И пак ох!
Ритай, тракай, госпожичке!

1983 г.

REHEARSAL FOR A GALA DANCE

Miss Death! Madam,
Madam!
My dance is a little old.
A little old.
And you are always so young.
So young!
Hop! Two small steps to the left?
To the left!
Why do you pull me to the right?
To the right!
Do I lead the dance, you little slut!
A little slut!
Or will you lead me, my little Sun?
My little Sun . . .
But why does your dance harden my . . . you know . . .
How should I put it? . . . How should I put it? . . .
And why do your bones blush?
Your bones?

Oh, my sweet,
such an unexpected morsel!
Oh oh oh!
And oh again!
Kick, rattle, little miss!

ДЕСНИЯТ МИ КРАК

Подлец!
Мръсник!
Предател!

Това е десният ми крак!

Доносчик срещу извървяното!
Шпионин!
Слуга на чуждо разузнаване!
Коварен диверсант!
Позорен дезертьор!
Кариерист бездарен!

Къде, бе?
Накъде без мен?
Върни се!
Защо разваляш сладкия дует
с по-честното от тебе
ляво братче?

Мой верен ляв —
ритни го,
убий го десния близнак.
По-бързо!

MY RIGHT FOOT

—which suddenly announced
it wants to leave me—

Rat!
Double-crosser!
Traitor!

And this is my right foot!

Police informer on the road
it has traveled!
Spy!
Double agent!
Perfidious saboteur!
Disgraceful deserter!
Wretched go-getter!

Where are you going?
What would you do without me?
Come back!
Why do you spoil the sweet partnership
you had with your little left brother,
more honest than you?

My faithful left foot—
kick him,
kill your right twin.
Hurry!

Настигни го,
преди да хлътне в хоризонта
полукосматият му гръб.

1984 г.

Catch him
before his furry back
collapses beyond the horizon.

ПРОЗРЕНИЕ НА ВРАБЧЕ

Кукувицата на сталинизма
снася яйцата си
в най-демократичните гнезда.
Ние –
дребните социалистически врабчета –
мътим!
(Мътим.
Мътим.)
Мътим кукувичите яйца.
(О, непосилна майчинска любов.)
Размножаваме.
Възхваляваме. –
Инстинкт на родител.
(С подменено дете.)

1986 г.

THE INSIGHT OF A SPARROW

The cuckoo of Stalinism
lays its eggs
in the most democratic nests.
We–
the small socialist sparrows–
brood!
(We brood.
We brood.)
We sit on the cuckoo's eggs.
(Oh, backbreacking mother's love.)
We multiply.
We praise–
a parent's instinct.
(Whose child is substituted for another.)

ВЗАИМНО ИЗПИТАНИЕ

Никога не съм обяздвал
по-капризен Дух
от днешния:
Два пъти ме хвърли –
смачках му ребрата.

Лудост,
гордост,
дивота интелигентна!

Бих го,
унижавах го –
не трепна.

Моята мечта за Дух!

Въпреки това
не ми е симпатичен –
сякаш прекалено е подучен
как да ме спечели…

Утре ще го пробвам втори път.
Ако издържи така –
ще го обикна…

1988 г.

MUTUAL ORDEAL

I have never broken in
a more capricious Spirit
than the Spirit of today:
he threw me twice—
I broke his ribs.

Madness,
pride,
clever folly!

I beat him,
I humiliated him—
he didn't turn a hair.

My dream of a Spirit!

In spite of all this,
I don't care for him—
he seems specially groomed
to win my approval . . .

Tomorrow, I will try him a second time.
If he stays the course—
I shall love him . . .

ПРЕД ИЗГРЕВ

Няма никаква разлика
кого от двама ни ще убият.
Ако убият тебе,
а аз премълча,
ще бъда подъл свидетел
на собственото ми умъртвяване.
Ако убият мене,
и ти премълчиш,
кой ще бъде по-мъртъв от двама ни.

Ето това запомни.
Всичко е толкова просто.
Кратка е болката –
вечно блаженството.
Усмихни ми се.
Разкопчай ризата.
Целуни кръста.
Два изхода няма –
изходът е един.
Направи крачката.

Ето –
виждаш ли светлината?

1988 г.

BEFORE DAWN

It doesn't make any difference,
which of us they kill.
If they kill you
and I keep silent,
I'll be the contemptible witness
to my own destruction.
If they kill me
and you keep silent,
which of us will be more dead?

Remember this:
everything is so simple.
The pain is brief,
bliss eternal.
Smile.
Unbutton your shirt.
Kiss the crucifix.
There are no alternatives–
there is only one choice.
Take the step.

Look–
do you see the light?

НЕБРЕЖНИЯТ АНГЕЛ

На Георги Борисов

Хеопсови пирамиди.
Китайски стобори.
Вавилонски строежи.
Световни войни.

(Кръв.
Скелети.
Гримаси.
Вой.)

Потно безсмъртие!
Кървава слава!
Светци канибали!
Озъбени идоли!

А Небрежният ангел?

Минал.
Драснал с копито.
И оставил вовеки следа.

1985 г.

THE CARELESS ANGEL

To Georgi Borisov

Great pyramids.
Great walls.
Babylon towers.
World wars.

(Blood.
Skeletons.
Grimaces.
Howling.)

Sweaty immortality!
Bloody glory.
Cannibal saints.
Grinning idols.

And the Careless Angel?

He passed by.
Scratched with his hoof.
And left his everlasting mark.

IV

СКЪПИ ПРИЯТЕЛЮ...

Хайде сега да си разменим гърбиците —
ти вземи Славата,
аз ще поема Позора —
относителната тежест е една и съща —
просто, за разнообразие.

И, моля те,
престани да плачеш —
натъжаваш ме.

12.1989 г.

Let's exchange our deformities now:
you have fame,
I'll take disgrace–
the burden is the same.
Let's do it–just for the sake of variety.

And please,
stop crying–
you make me sad.

ПЛАЧАТ НЕЩАТА

Аз пиша.
Пишейки,
аз разпределям равномерно –
сред Нещата! –
собствените си тъги и болки.
Плачат Нещата –
тъгуват, боли ги.
И не знаят защо ги боли.
И не знаят защо тъгуват.
Изкупват чужди –
моите! –
тъги и болки.

Пиша.
Срамувам се от себе си,
но пиша.
И пишейки,
аз разпределям най-безсрамно –
отново сред Нещата! –
своя срам.

Срамуват се Нещата…
И т.н.

07.1989 г.

THE THINGS CRY

I write.
And writing
I spread my own hurt and sadness
evenly among my Things!
The Things cry:
they are sad, they hurt.
And they don't know why they hurt.
And they don't know why they are sad.
They pay for someone else's—
my—
hurt and sadness.

I write.
I am ashamed of myself
but keep writing.
And writing, once more
I spread my shame
among the Things!—
quite shamelessly.

The Things are ashamed . . .
And so on . . .

СКУЛПТОР БЕЗ МОДЕЛ

Здравей,
имаш хубава, суха длан;
твърда, прохладна, открита.
Почтено си живял,
мъртвецо.
Ръката ти не е бъбрива,
но с две-три линии описа точно
достойните черти
на твоята отсъстваща глава.
И – косвено –
усмивката на главорезите.
Размесвам глината.
Начевам възкресение.
„Възмездието? –
Бог и Красотата.“

07.1989 г.

SCULPTOR WITHOUT A MODEL

Hello,
you have a beautiful, dry hand–
firm, cool, open.
Dead man,
you've led an honorable life.
Your palm isn't chatty–
with a few lines
it precisely describes
your missing head,
full of dignity.
And–implicitly–
the henchman's smile.
I knead the clay
to begin your resurrection.
"The nemesis?
God and Beauty."

НОВОТО ВРЕМЕ НА СТАРОВРЕМЦИТЕ

Ама да бяхте се поизмили поне.
Изобщо, формално поне.
Или, поне, само мърлявите си гениталии,
дето… и с които ни… и след смъртта ни…
Или, поне, зъбите си измийте,
дето още са кървави от кръвта
(нашата!).

Ъъъх,
дъхът ви мирише на Старо, на Кисело… и Зловещо.
Па измийте се поне мъничко,
па тогава тропнете хорцето,
па тогава викнете сърцато
(над труповете ни):
„Да живей Новото Време!“
А вие?

Е, добре де…
(сменям ритъма).
Е, добре де, ние също…
(плътни и безплътни духове).
Ние също няма да се мием.
Ние сме си чисти по Съдба.

THE OLD-TIMERS' NEW TIMES

You should at least have washed yourself.
Generally speaking, at least as a matter of form . . .
Or at least your filthy genitals,
with which you . . . us, and after our death, you . . .
Or at least clean your teeth,
still covered with blood
(ours!).

Ugh,
your breath reeks of Old, reeks of Sour, . . . of Sinister.
Ah wash yourself at least a bit,
then dance merrily,
then cry out fearlessly,
(over our bodies),
"Long live the New Times!"
And you?

Eh well . . .
(I am changing the rhythm).
Eh well, we too . . .
(substantial and insubstantial spirits).
We won't wash ourselves either.
Fate has kept us clean.

Времето,
Новото Време,
с бърни магарешки,
хрупка
трънените ни венци
(и сиянията ореолни около трънака).
Нека хрупка.
(То ще се задави.)

Е, благодарим ти, Ново-Старо време!
Ние ще се срещнем пак, все пак.
След колко ли?
След Толкова
и още Толко
(месеци? години? векове?).
Ние няма закъде да бързаме –
мъртви сме
и разполагаме
с пò Друго Време…
Ще дочакаме.

1987 г.

Time,
these New Times,
with the assiduity of an ass,
chomp
our crowns of thorns
(and the radiance around the thorns).
Let them chomp.
(They will choke on them.)

Ah, thank you, New and Old Times!
We will meet nevertheless.
When?
In so many
and twice as many
(months? years? centuries?).
We are not in a hurry–
we are dead,
and have a somewhat different Time
at our disposal . . .
We'll wait for you.

НОВА ДУША

Смъртта?: командировка, друга мисия, друг образ?
Превъплъщение на вчерашното Въплъщение…
И… нещо много страшно (от Предишното) –
контролният процент на Старата душа,
за да не се самозабрави Новата.

Страхувам се, Подлецо –
Ти може да се появиш отново –
превъплътен в светец с нащърбен ореол.
И синовете на убитите от Тебе
да те приветстват като Ново Откровение,
поради липсата на девет градуса
от твоята сегашна нимба,
като симпатия към накърнената окръжност.

Превъплъщават се, превъплъщават се…
Два-три-пет-седем-десет Духа,
които си разменят:
козина, рога, крила, опашки, ореоли –
вечен реквизит.
Взаимно, но по уговорка, се изяждат –
възпроизвеждайки по този начин своя антипод –
като Превъплъщение.
И себесъхранение.

NEW SOUL

Death?–a business trip, another mission, another image?
A Reincarnation of yesterday's Incarnation . . .
And–something frightening, ever-present–
the Old Soul's controlling interest in the New Soul,
keeping it from becoming too presumptuous.

I am afraid, Scoundrel:
You may appear again,
reincarnated in a saint with a chipped aureole.
And the sons of the people You've killed
may greet you as a New Revelation,
because of the lack of nine degrees
in your present nimbus,
as an expression of empathy
with your impaired circumference.

They are being reincarnated, they are being reincarnated . . .
Two or three or five or seven or ten Spirits
are trading:
hides, horns, wings, tails, halos–
eternal props.
Mutually, by agreement, they are devouring each other,
recreating their opposite–
a Reincarnation.
And self-preservation.

Аз също чакам своя ред —
в ръцете ми е кожата на бившата душа —
надявам се на нещо по-добро.
Седя (и тръпна) върху вчерашната си опашка…

А Новото Превъплъщение се бави.

1990 г.

I am also waiting my turn,
holding the skin of my previous soul in my hands—
hoping for something better—
sitting (and shivering) on the tail I had yesterday . . .

The New Reincarnation is slow in coming.

НЯКОЙ КАЗА БРАВО

Нашата съпротива? –
еротична игра!
(Боричкаме се сладострастно,
отдаваме се доброволно,
а стенем, че сме изнасилени.)

Здравей, Време! –
дойде време да осребрим раните.
Няма свян – голи сме – вижте ни –
ухапана шия,
подута устна,
ощипан задник,
пробита ризница
(не от меч).
Белезите на Битката.

Заплаща ли се подобно нещо!

… Хайде така да решим:
Каквото ние сме правили,
и каквото на нас са правили,
е било за Едната Чест.
(Мамка ѝ!)

SOMEONE SAID, "BRAVO!"

Our resistance?–
erotic play!
(We struggle lasciviously,
we give ourselves freely
and moan, we have been raped.)

Hello, Time!–
the moment to cash in on our wounds has come.
There is no shame–we are naked–look at us–
a bitten neck,
a swollen lip,
a pinched behind,
a pierced armor
(not by a sword).
The scars of Struggle.

Could you award damages for that!

. . . Let's agree on the following:
Whatever we did
or was done to us,
happened on the high altar of ideals.
(To hell with them!)

Няма свян – голи сме – вижте ни.
Ако е нужно
(за Времето) –
готови сме да повторим подвига…

– Браво!

1990 г.

There is no shame—we are naked—look at us.
If necessary
(for our Times)
we are ready to repeat this heroic feat . . .

"Bravo!"

ТЕАТРАЛЕН ПРИЗИВ

Ще си отидем старите актьори…
Едните и другите. –
От многократното себеповторение –
„Помниш ли как те убих?“
„Помниш ли как ме уби!“
Убийството се превръща в театър:
на мъртвия дават думата,
Но! –
без да обижда убиеца.
Такава пиеса не ни е нужна.
Затова призовавам:
Отрицателните герои
да проявят милост
към Положителните събратя.
Няма друг изход
като Възмездие.
И въобще –
театърът вече не е наш.
Нека сами изнесем труповете си. –
И едните, и другите.
Без сълзи
и без театралност.
Сбогом.

1990 г.

THEATRICAL APPEAL

We old actors will leave . . .
All of us.
We repeated ourselves too many times,
Do you remember how I murdered you?
Do you remember how you murdered me?
Murder turns into theater:
the dead are now given the cue.
But not to offend the murderer.
We don't need this kind of play.
I appeal to you: all Negative characters
should show mercy
to their Positive counterparts.
Retribution
is not the way out.
And the theater does not belong to us anymore.
Let's remove our corpses ourselves.–
All corpses.
Without tears
and without posturing.
Farewell.

ПЛАЧАТ НЕЩАТА
(втори вариант)

Тъгуват, боли ги.
И не знаят защо ги боли.
И не знаят защо тъгуват.

О, Скръб,
която изпреварва Основанието си за скръб!
О, Болка,
появила се преди Причината за болка!

Ще дойдат Те –
Причината и Основанието –
ще се появят.
Макар и закъснели.
И двойна Скръб,
и двойна Болка
ще порази душата на Нещата –
защото е непоносимо тежко
да видиш как Причината за болка
е обезсмислила Самата Болка,
а Основанието на скръбта
се подиграва на Самата Скръб.

И ще заплачат пак Нещата.

1990 г.

THE THINGS CRY
(a second version)

They are sad, they hurt.
And they don't know why they hurt.
And they don't know why they are sad.

Oh Suffering,
which overtakes the Reason for suffering!
Oh Hurt,
which appears before the Cause of hurt!

They will come—
the Cause and the Reason—
they will appear.
Even if late.
And twice as much Suffering
and twice as much Hurt
will blight the soul of Things—
because it's unbearably hard to see
how the Cause of hurt
has made Hurt meaningless,
and the Reason for suffering
mocks Suffering itself.

Things will begin to cry again.

ДУШИТЕ СА ОБЛАДАНИ ОТ АНГЕЛИ

Тази година се очертава лоша
(по-лоша от предишната)
за бездомните бесове.

„Една душа, една душа,
най-неуютната даже душа…
Нека бъде душа на поет,
нека бъде душа на свиня…
нека не бъде цяла душа,
нека е само ъгълче от душа.“

Няма.

Сля се зимата с пролетта.
Гинат бездомните бесове.

1990 г.

SOULS ARE POSSESSED BY ANGELS

This year looks bad
(worse than last)
for the homeless devils.

"A soul, a soul,
even the most drafty soul . . .
Let it be the soul of a poet,
the soul of a sow . . .
Even if not a whole soul,
even a little nook in a soul."

Nothing.

Winter merges with spring.
The homeless devils perish.

АГОНИО СЛАДКА...

Първото ми умиране –
като преживяване –
беше изключително.
Повторенията изхабиха чувството.
Предвкусването на самата смърт обаче –
полъх, тембър, аромат, видение –
произвежда по-сладостни тръпки. –
Всеки път.
Сякаш любиш,
полубезплътно,
самия себе си.
(*„Обладаваш така,*
както би обладал огледало.“
К. Павлов)
И се раждаш –
пак от себе си.
Едновременно –
син, баща и близнак
на самия себе си.
Как да го изразя –
странен двойник:
вече си ТАМ,
а още си ТУКА.

SWEET AGONY

My first death—
as an experience—
was exceptional.
Repetition jades the senses.
The anticipation of death however—
her breath, her fragrance, her timbre,
the specter of her—
sends a sweet shiver through me.
Each time.
Like loving
yourself
incorporeally.
(*"You possess the way,
you would possess a mirror."*
K. Pavlov)
You are reborn
into your own self.
You are simultaneously your own son,
your father, your twin.
How shall I express it—
a strange double:
you are already *there*
and still *here*.

Ето този миг.
Този миг…

Другото е досада, ритуал. —

Свалям ти шапка, скучна бабичко;
да беше сменила поне чаршафите.

1990 г.

Precisely this moment.
This moment . . .

Everything else is drab ritual.

I take my hat off to you, tiresome old woman;
you should at least have changed the sheets.

ЛИПСВА НАЙ-ВАЖНОТО ЗВЕНО

Толкова подробно зная всяко свое бъдеще,
толкова реално го предвиждат сетивата ми,
че когато се превърне в настояще,
то е вече само спомен –
весел или тъжен.
Като нещо недокоснато,
но изразходвано,
като пропилян аванс
за неизвършен труд,
като орден
за несъстояло се сражение,
като образ,
ритнат от локатор –
имало е някой (Нещо)
(пак го има),
но е отлетял от бъдеще към минало,
без да прекосява настоящето.
Нещото, което си изял преди да се роди…

… И това навярно обяснява
постоянното ми състояние:
Чувството за отвратителна пресита
и патологичен глад.

1990 г.

THE MOST IMPORTANT LINK IS MISSING

I know each of my futures in such detail,
my senses predict them so credibly,
that by the time they turn into the present,
they are only a memory–
joyful or sad,
something intact,
but already used,
a squandered advance
for work not done,
a medal
for an unfought battle,
an image
rebounding between mirrors,
someone or something–
they still exist,
but they have flown from the future
back to the past
without crossing the present.
The thing consumed before it was created . . .

. . .This possibly explains
my permanent feeling
of disgusting satiety
and morbid craving.

ДРУГ ДИКТУВА

Господа съдебни заседатели,
аз не прося милост или снизхождение.
Вие призовавате на съд цигулката,
а престъпника,
наречен Цигуларя,
не поканихте дори като свидетел.
(Горното тълкувайте като метафора.
Следващото – също.)
Аз съм само невменяем медиум
(недостоен инструмент, невинен писар, ехото на
друго ехо, преводач на преводача, кожата
на барабана, сянката на сянката на Оня
и т.н.).
Аз съм юридически (и всячески) невинен –
ДРУГ диктува.
Славата
(разбирайте: Позора!)
Му принадлежи по право.
Мразя Го!

1990 г.

SOMEBODY ELSE DICTATES

Ladies and gentleman of the jury,
I do not ask for mercy or clemency.
You are indicting the violin,
not the criminal,
known as the Violin Player,
whom you didn't even call as a witness.
(Interpret the above as a metaphor.
The following–too.)
I am only a demented medium
(an unworthy instrument, an innocent scribbler,
another echo's echo, interpreter's interpreter,
a drum's vellum, the shadow of the shadow of the
One and so on.)
I am legally (and in every other way) innocent–
SOMEBODY ELSE dictates.
Fame
(understand–Disgrace!)
belongs to Him by right.
I hate Him!

НИЩО И НЕЩО

Нищото се храни с Нещо.
Нищото всмуква, поглъща Нещото.
И Нещото,
бидейки усвоено от Нищото,
се превръща в най-същинската част от Нищото.
А – Нищото – яде – все – Нещо.
Яде и големее.
Яде и големее, яде и големее –
докато изяде в галактиката всяко Нещо.
И – не остане Нищо.
т.е. –
докато Всяко Отделно Нещо
се превърне
в Едно Огромно Нищо.
Пълна ситост!
след която
започва драмата на Нищото –
няма Нещо!…
(за ядене).
И Нищото започва да гладува;
и започва да озверява от глад.

NOTHING AND SOMETHING

Nothing feeds on Something.
Nothing sucks, swallows Something.
And Something,
absorbed by Nothing,
turns into the real part of Nothing.
And–Nothing eats–always–Something.
Eats and grows.
Eats and grows, eats and grows–
until it devours each Something in the Galaxy.
And Nothing is left
i.e.
until every separate Something
turns into
One Enormous Nothing.
Complete satiety!
After which
Nothing's drama begins–
there is Nothing
(to eat).
And Nothing begins to feel pangs of hunger,
it becomes ferocious with hunger.

Ако в такъв момент
Нашето галактическо Нищо
се срещне с Друго галактическо Нищо –
(гладно и озверяло по същия начин)
от една Такава среща
(между Нашето Нищо и Тяхното Нищо)
би могло да произлезе Нещо…

1989 г.

And if at such a moment
Our galactic Nothing
meets with Another galactic Nothing–
(hungry and ferocious in the same way)
from such an encounter
(between our Nothing and their Nothing)
Something could transpire. . .

V

ТЕМАТИЧНО РАЗПЯВАНЕ

Рано роденото го убиват.
Късно роденото –
предварителен мъртвец.
Избирай.
Макар че не зависи от тебе.
(Всичко това ми напомня
нещо отдавна казано.
Но така се започва винаги –
наподобяваме за разпяване.
Ако добавим малко ирония
и 7-8 фалшиви такта
към класическата мелодия,
може да се окажем автори –
нещо като хитро дете,
което се обявява за баща (не за внук)
на пребогат мъртъв старец.
Користта става перверзно смътна.)

Акустиката размива мелодията,
така както перуката
спарва живия косъм.

THEMATIC CHOIR PRACTICE

The early born is killed.
The one born late
is already dead.
Choose.
Though it doesn't depend on you.
(All this reminds me of something
said a long time ago,
but one always begins like that–
we imitate in order to warm up.
If we add a little irony,
and seven or eight dissonant chords
to the classical melody,
we could turn into authors–
something like a cunning child,
who declares, it is the father
(and not the grandchild)
of a very rich dead old man.
Greed becomes perversely obscure.)

The acoustics deform the melody,
the way a wig
deadens the natural hair.

Ехото твърди, че е баща
на отчаяния вик.
Имитацията на смъртта
претендира, че е истинската смърт.
Отражението на любовника
слага рога на самия любовник.

Всички наподобяваме.
Най-истинските –
наподобяват СЕБЕ СИ.
Наподобяват обаче.
Не постигат СЕБЕ СИ.
(Геният е несъвършен.
Бездарието е по-близко до абсолюта.)

Ония, които наподобяват ДРУГОТО…
Впрочем, за тях вече говорихме.

(Разпяването завърши.
Истинската мелодия – следва.)

1991 г.

The echo asserts that it's the father
of a cry of despair.
Death's imitation
pretends to be the real death.
The lover's reflection
cuckolds the lover.

We all imitate.
The most authentic–
imitate THEMSELVES.
They imitate though,
they don't attain THEMSELVES.
(Genius is imperfect.
Mediocrity is closer to the flawless.)

Those who imitate OTHERS . . .
Though, we already talked about them.

(The choir practice ended.
The true melody–follows.)

НЯМА ЗАГЛАВИЕ

Ситият хищник
танцува с трупа на жертвата си –
подхвърля, напада, шеговито отстъпва.
(Епилогът на драмата,
разигран в комедиен план.)

Танцът на хищника
естетизира убийството.
Оневинява акта.
И, заедно с това –
сякаш прощава на жертвата;
внушава ѝ, че точно тя
е предизвикала ненужното убийство.

Танцът на хищника. –
Като гузна милувка
след груба еротика.

Но – също така –
ходатайство пред Бога
за душата на мъртвото.

UNTITLED

The sated predator
dances with his victim's corpse–
he throws her about, attacks her,
retreats with a smile.
(The epilogue of the drama,
played as a comedy.)

The dance of the predator
makes the murder artistic,
makes the act innocent.
And at the same time–
it is as though he forgave his victim;
as if he suggested to her
that it was she who provoked
the unnecessary killing.

The dance of the predator.
Like a guilty caress
after rough sex.

But–also–an intercession with God
for the soul of the dead.

П.П.
Всичко това е само описание,
от което не произтича поука
или каквото и да е там.
Затова: НЯМА ЗАГЛАВИЕ –
би могло (заглавието) да ви подведе
към ненужен размисъл
и прекалени чувства.

1991 г.

PS:
This is only an exposé.
No lesson is to be drawn from it,
or anything of the kind.
That's why there is NO TITLE–
it could (the title) mislead you
into unnecessary reflection
and exaggerated emotions.

АВ-ТО-РА, АВ-ТО-РА

„Шест милиарда бездарни артисти
се ругаят взаимно на майка,
ритат се в слабините,
носовете си хапят,
късат ушите си…
Така забавляват Стария Господин с брадата –
единствения зрител –
който е (едновременно) –
Баща на артистите
и Автор на отвратителната пиеса.“

1992 г.

"Six billion mediocre actors
curse each other,
kick each other in the groin,
tweak each other's noses,
and twist each other's ears . . .
This is the way they entertain
the Old Gentleman with the beard–
the sole spectator,
who is (at once)
Father of the actors
and Author of the disgusting play."

ЧУЖДИ СА МИ

Хей, Ти, Общият ни Създател –
дай ми сили
да Ги почувствам братя…

1992 г.

THEY ARE STRANGERS

Hey, Thou, Our Common Creator–
give me strength to feel,
they're my brothers . . .

ИМА И ТАКЪВ ХОД

Ако бях добър шахматист –
щях да превърна пешката
(допълзяла до осми квадрат) –
не – в царица,
не – топ,
не – офицер,
дори: не – кон…
Щях да превърна (пешката) в куче.
И щях да предложа реми
на победения вече противник.
Чувам (колко е прекрасен!)
одобрителния лай на пешката.

1992 г.

SUCH A MOVE EXISTS

If I were a good chess player–
I would promote the pawn
(that crept up to the eighth rank)–
not to a queen,
a rook,
a bishop,
not even to a knight . . .
I would promote (the pawn) to a dog.
And would offer a draw
to my beaten opponent.
I hear (how wonderful!)
the pawn's approving bark.

ОБУВКА, ВЯРНА КАТО КУЧЕ

Навън. –

Тази нощ,
бягайки
(от фашизъм, от комунизъм
и – демокрация),
изгубих Едната обувка.
(Прежалих я.)

У дома. –

Грабнах некъпаната ми
(бездиханно студена)
Съвест. –
Изнасилих я (три пъти),
върнах я пак в хладилника.
И – заспах.

През нощта. –

Тихо дихание ме събуди –
Другата ми обувка –
уста в уста –
правеше изкуствено дишане
на Едната.
(Сама се беше прибрала.

SHOE, LOYAL LIKE A DOG

Outside.

Tonight,
running away
(from fascism, from communism, and
from democracy),
I lost one shoe.
(I got over it.)

At home.

I grabbed my unwashed
(cold stiff)
Conscience.
I raped her (three times)
and put her back in the refrigerator.
And fell asleep.

During the night.

A quiet breathing woke me up:
my other shoe,
mouth to mouth,
was resuscitating
the shoe I'd lost—
she had returned home by herself,

Без подметка, но – Тя!)
Милата…
(И двете – мили.)

У т р е . –

Утрото се оказа по-тъпо от вечерта.

1993 г.

without a sole, but there she was, my shoe!
My dearest one . . .
(Both are very dear to me.)

Tomorrow.

The morning turned out duller than last evening.

СЛЕДА

Ще се изтръскам като мокро куче
и ще се втурна пак подир следата,
оставена от босите нозе.
(Следа премазана от стъпки на копита,
замаяна от сяра и катран.)
Следа, която изпълзява до върха на хълма
и – в ъ з к р е с и т е л н о – излита в небесата.

1993 г.

TRAIL

I'll shake myself off like a wet dog
and again will rush along the trail
left by the naked feet.
(Trail flattened by hoofs,
dazed by sulfur and tar.)
Trail that crawls up to the ridge of the hill
and–*rising*–ascends into heaven.

Вярно е, че проспах дните си.
Но какви сънища, Боже!
Какви сънища…
И колко лек ще бъде преходът КЪМ…

1992 г.

MURDER OF A SLEEPING MAN

237

I slept my days away, it's true,
But what dreams, my Lord!
What dreams . . .
And how easy, my transition TO . . .

KONSTANTIN PAVLOV IN HIS OWN WORDS

*The dark pits of truth are more precious to us
than uplifting lies.*

Alexander S. Pushkin

Konstantin Pavlov was born on April 2, 1933 in Popovo, renamed Vitoshko after 1944.

My family was exceptionally poor. Our village was one of the most godforsaken places in the country. Sofia, the capital, was only 10 miles or so away, but the distance in time could have been a century.

My father had only one year of schooling. Nothing in my background could explain why I became a poet. I must have been the product of a chaotic mixture of genes.

I could read and write at the age of three. At that time my family moved to Kurilo, a much bigger village with many educated families who had rich libraries. I read all the books I could lay my hands on: chemistry, biology, popular science, and novels. I amassed a tremendous amount of knowledge. My schoolmates thought that I had access to some special encyclopedia.

My father died when I was 14, and from that time I was on my own. I had to change high schools several times (I was suspended from two of them), and graduated in 1951. In 1952, I applied for admission to Sofia University to study literature, but found myself enrolled in law school. I read law, but didn't take any examinations.

Pavlov's first job was as an editor at Radio Sofia (1957-1959). What mattered to him was writing:

I began to write at the age of ten, but the important year for me was 1955. Then I understood that I didn't want to write according to the

239

existing academic rules for composing poetry. It was a time of an exper-imental search for my own style. Changing my habits of writing was difficult. Gradually came a lightness, a lightness of spirit rather than technical skill–writing remained as hard as ever. The lightness came not as the result of moral prescriptions, but of a clear conscience, of the realization that I was writing poems without forcing myself to write as I was expected to; that finally by giving up my old notions of what a poet ought to be, I became a poet. The changes in style arrived simultaneously with the changes in spirit. It was a time when I tried to plow myself and to seed myself, without knowing what kind of plants would grow. Some of the seeds sprouted much later. And the fruits came as a surprise to me too. I would say that the poem "Elegiac Optimism" was an anticipation of the things I am trying to say now. And I think that the harvest has not yet been exhausted.

By 1960 Pavlov had created a name for himself. The editor of his first book, *Satires*, which appeared in 1960, was Nikola Furnadzhiev, one of the great Bulgarian poets of the twenties, who had to conform during the darkest of Stalinist times in order to survive. He advised Pavlov to change the title of his book from the simple *Poems* to *Satires* in order to make the book more palatable to the censor. Pavlov also didn't include controversial poems, which have since become classics. Among these are: "The Nightingales Sing," "Prelude–the Spiders," "Flotation."

1960 brought the beginning of the April Thaw, and Bulgarian poets began to read their poetry in public: on town squares, in universities, in private homes. Pavlov followers learnt his poems by heart and often quoted from "Capriccio for Goya," the famous poem about the dictatorship, which had changed its image, but not its essence:

The old terror–
brutally whole,
brutally endless–
without posturing and wit,
is gone.

The terror is different now—
intimate, it pats me on the shoulder
condescending, it courts me
and flirts with its own image,
"We are equally strong, you and I,
you are smarter maybe . . . "
And it smiles at me.

Ah, it's the smile that makes it so revolting,
makes it perverted
and mad.

I feel sick with a revulsion,
as never before.

As if babies with beards and mustaches
were kissing me lasciviously.

This political relaxation offered Konstantin Pavlov the opportunity
to work during 1961-1962 and 1964-65 as an editor at *Bulgarian Writer*, the most important publisher in the country. But the atmosphere in
Bulgaria was changing and in 1963 began the counterreformation. Furnadzhiev was sacked from his editorial job, so were several other prominent literary figures. The public readings were forbidden. But the genie
was already out of the bottle and putting it back was not easy. Pavlov
submitted for publication the manuscript of a second book, *Remembrance
of Fear*. Rejected, it remained in the files of the publisher and reappeared only in 1995, when Ivan Tsanev, a well-known Bulgarian poet,
spotted it in a pile of rubbish, awaiting incineration. The book was published only in 1998.

*The second period came as a, what I would characterize as savage,
reaction against the lies, the hypocrisy of the existing dictatorship, all
the things which a human being encounters under such a system, both
physically and spiritually.*

Pavlov, undaunted continued to write and succeeded in maneuvering the manuscript of his third collection, *Poems*, into production. Once the Party apparatchiks realized their mistake, they offered to pay Pavlov a large sum for scrapping the book. The poet refused and contrived with the help of a ruse to bring it out in 1965. The story of how the poet managed to persuade the printers to go ahead and produce the book, and then to bring some copies to a few bookstores reads like a thriller. The rest of the edition was sent to rot in the famous "prison for books."

Poems had a postscript: "We hope that this book, published as a creative experiment, will provide the opportunity for a useful literary discussion on the trends of the creative development of some young poets." This note gives away the fact that the publisher rarely (if ever) published good poetry, which always attempts to be innovative. Instead of discussion, there was a one-sided vicious newspaper campaign of denunciation. The poet was called derogatory names for writing poetry, which no one, but the Secret Service was allowed to read. A letter from the Central Committee of the Communist Party followed, officially forbidding him to write poetry!

Criticism in the official Communist Party's newspaper carried with it heavy penalties. The criticized lost their jobs; no editor would dare accept their poetry for publication. Friends turned their backs on the victims–to do otherwise could have imperiled their own existence.

The popular poet turned into a pariah overnight. And when this happened it was easier to deal with the loss of his job–the revenge of the enraged dictators who saw their cruelty, ugliness, irrationality reflected in the mirror of Pavlov's poetry–than to accept the behavior of his fellow poets:

My critical attitude was regarded as political, when it actually was moral. I should have found many allies, but I didn't. My reaction was defined as a defect of character. The theory was that one should trick the powerful by praising them and winning their confidence, and then one would be permitted to write the way one wanted. This attitude explains the ruin, moral and artistic, of even gifted writers. They continued to lie until they died, and cheated only themselves. This was the time when I understood that I was alone and could count only on myself.

It took a great strength of character to live in a void: no hope of seeing one's poetry published and read, no livelihood, no society; particularly difficult for people used to many friends and admirers.

The third period—the beginning of the seventies. I realized that I had to make a choice: to die or find some other way of self-realization. I decided to live, because self-destruction seemed senseless First I had to give up vanity and to declare a sort of moratorium on my own self, to reach a form of anabiosis—a state of suspended existence in which one lives with small expense of energy and little pain. And I also decided to write 100 poems, which would surpass the poetic efforts of my murderers (my colleagues who used political arguments to criticize and berate me). These one hundred poems were my death mission and at the same time the revenge of the living man. I felt that I was both dead and living, the way the dying feel they can see their souls leave their bodies while at the same time the departing soul looks back at its dying body.

Finally in 1973, after some attempts of Pavlov to get a menial job, the Party apparatchiks, who didn't want the bad publicity, offered him a job as an editor at *Bulgarian Cinematography*, the state movie company. The main thing was to keep him from writing poetry.

He wrote sixteen plays and screenplays. Some of them were filmed, though the films were never shown or the screenplays were edited out of recognition. But a few survived and won international prizes.

In 1981, after twenty years of silence, the poetic voice of Pavlov was heard again. Naturally it was not the main communist press, which published his work, but a provincial magazine editor in Bourgas who showed civic courage and included his new poems in the literary almanac *More* (Sea). Two more poems appeared in a mainstream literary journal *Plamuk* (Flame).

The poet had his fiftieth birthday in 1983. The establishment decided that it was better to celebrate it than to continue to treat the poet badly and keep him in the position of a martyr. He was offered a membership in the Union of Bulgarian Writers, not as a poet but as a screenwriter! One of the perks of membership was the permission to publish a collection of screenplays. As a great concession, he was permitted to include in it some of his poems. So, his third book, *Old Things*, came out. *Old Things* contained nine remarkable new poems.

In 1985 came **perestroika**. The Bulgarian Communist Party resisted as much as possible the new currents in the Soviet Union, but several literary editors felt the freedom in the air and were not afraid to request poems from Pavlov and publish them. In 1989 he finally saw his new volume of poetry, *Appearance*, or more appropriately, *Reappearance*, in print. It was the literary event of the year. For the reading public, this was an important proof of liberation from the vise of forty-five years of censorship.

The fourth period is the last four or five years. Or perhaps it started earlier, in 1985, with the beginning of perestroika. At first I resisted waking up from my state of half-dreaming. I disliked the hysterical screams of people I distrusted–I had the feeling that street thieves were robbing me of my dreams. That's why I was trying to continue to dream. On the other hand, the lessening of censorship encouraged editors to accept my work for publication, and people began to read it for the first time. For many years only my enemies and the Secret Service knew me.

In 1990 the literary community was free to celebrate the poet and his work and the entire second issue of *Prilep* (Bat), a new literary magazine, was dedicated to him. Poems, essays, personal impressions, criticism expressed the admiration of the major figures in the literary and art world for the poet.

And now I am in my fifth circle . . . I do not want to formulate it in a pretentious way. Everything now is easy; it is distressing in its senselessness. I am troubled that I write with ease, that the public likes my poetry. I have the feeling that I am getting money and interest that I have not earned honestly.

This self-revelation was part of a series of twenty-six interviews, given after the fall of communism in 1989. The collection appeared in 1995.

Difficult times were to come: the poet suffered a massive stroke–the result of the stress of a lifetime "of smoking and keeping silent." He has recovered, though he has some difficulty in speaking and writing.

Before the fall of communism, Pavlov could publish only three books in thirty-five years. In the following twelve years he had published eleven books: *Poiaviavane* (Reappearance, 1989), *Agonio Sladka* (Sweet Agony, 1991), *Ubiistvo na spiasht chovek* (Murder of a Sleeping Man, 1993), *Elegichen optimisum* (Elegiac Optimism, 1993), *Repetitsiia za gala tants* (Rehearsal for a Gala Dance, 1995), *Interviuta* (Interviews, 1995), *Spasenie* (Salvation, 1995), *Spomen za strakha* (Remembrance of Fear, poems written in 1960, published in 1998), *Otdavna* (A Long Time Ago, 1998), *Zapiski* (Notes, 2000), *Persiphedron* (Persiphedron), 2001) and in 2002 appeared his collected works in four volumes.

Translator's Note

I met Konstantin Pavlov, by chance and briefly, on a mountain road in Boiana, not far from the shack where he spends his summers in the company of his family and friends. Our real acquaintance began in May 1990 when I had to ask for permission to publish translations of his poems, which *Poetry East* had accepted for publication. We had a long telephone conversation, and since then have maintained a close working friendship.

I began to translate his poems in a systematic way in Paul Auster's translation seminar at the Creative Writing Program, Princeton University in 1985. Later, I read my translations to my fellow poets at US1 Poets' Cooperative. My profound gratitude goes to them for their unfailing interest in his poetry and for their constructive criticism through the years of work on the book.

I would like to thank Lois Harrod, Norma Sheard and Ellen Foos for reading the manuscript, and particularly the editor, Frederick Tibbetts.